Sachunterricht be-greifen

Experimente und Studien für den Sachunterricht in der Primarstufe

Band 1

von

Rainer Becker und Klaus Klein

Schneider Verlag Hohengehren GmbH

Gedruckt auf umweltfreundlichem Papier (chlor- und säurefrei hergestellt).

Becker, Rainer:
Sachunterricht be-greifen : Experimente und Studien für den Sachunterricht in der Primarstufe / von Rainer Becker und Klaus Klein. –
Baltmannsweiler : Schneider-Verl. Hohengehren
Bd. 1
ISBN 3-89676-460-8

Inhalt

Dieses Buch entstand unter Mitarbeit von

Gudrun Kähmer,

Martina Kempis,

Anja Kleine,

Meta Queins,

Patricia Roser,

Hermann Sengfelder

sowie ***einigen Studenten der Universität zu Köln***,
die in Seminaren von Prof. Klein
die Experimente testeten.

Vorwort

In einer Zeit der anstehenden Rechtschreib- und Bildungsreformen, in einer Zeit, in der immer mehr Schüler das Abitur machen und die Ausbilder in den Betrieben sich trotzdem über den sinkenden Wissenstand ihrer Schützlinge monieren, in einer Zeit, in der die Diskussion um den Wert der Schulbildung neu entfacht ist, lohnt es sich, einen Blick auf die Situation unserer Schüler zu werfen.
Kinder in städtischen Gebieten finden immer weniger Freiraum, sich zu entfalten. Immer mehr Freizeit verbringen sie, fast zwangsweise, zu Hause vor Computer und Fernseher. Die Medien propagieren ihnen ein Konsumverhalten. Das Kind wird auch in seiner Freizeit immer mehr in die Rolle eines Betrachters gedrängt. Dieses Verhalten tragen die Schüler auch in den Unterricht hinein.
Sie erwarten von ihren Lehrern, daß sie ihnen möglichst leichten Lehrstoff mundgerecht servieren.

Vielleicht mag sich dieser Trend in den meisten Grundschulen, gerade im ländlichen Bereich, noch nicht so manifestiert haben, da den Kindern dort noch ein größeres Spektrum an Freizeitaktivitäten in einer natürlichen Umgebung zur Verfügung steht. Dennoch mag uns auch der größte Idealist darin zustimmen, daß der direkte Bezug der Kinder zur Natur sowie die Zeit, die ein Kind zum Messen, Bauen und Basteln aufwendet, immer mehr abnimmt.
Man kann sogar soweit gehen zu sagen, daß in manchem städtischen Gebiet die feinmotorischen Kompetenzen vieler Kinder sich darauf beschränken, mittels einer 10 cm x 6 cm großen Maus einen kleinen Pfeil möglichst schnell und präzise über einen Bildschirm zu bewegen.

Diese beiden grundlegenden Änderungen im Lernverhalten der Kinder - die Konsumhaltung und der Rückgang der motorischen Fähigkeiten - führen zu einer wachsenden Passivität der Schüler im Unterricht.
Wie viele bedeutende Didaktiker aber immer wieder betont haben, bescheidet ein aktives Lernen einen wesentlich größeren Erfolg. Erinnert sei in diesem Zusammenhang auch an den Satz Maria Montessoris „Hilf' mir, es selbst zu tun !".

Das Buch „Sachunterricht be *-greifen*" soll sowohl Anregung als auch Hilfestellung für den Lehrer sein, der sich dazu entschließt, seinen

Unterricht offener und kreativer zu gestalten. Wir haben in diesem Buch einen zentralen Aspekt des handlungsorientierten Lernens thematisiert - **das Schülerexperiment**.
Unabhängig davon, was ein experimenteller Sachunterricht für die Motivation der Schüler leisten kann, werden hierbei auch verstärkt die motorischen Fähigkeiten der Schüler trainiert.
Sie setzen sich konkret mit Materialien und Vorgängen ihrer Lebenswelt auseinander und vergrößern durch die Visualisierung der zum Teil komplizierten Alltagsgeschehnisse nicht nur ihren Lernerfolg, sondern die Durchführung, Weiterentwicklung und Aufzeichnung der Experimente und Studien fördern ebenso Phantasie und Kreativität der Schüler.

Darüberhinaus kann der Lehrer die Schüler in ein wissenschaftlich exaktes Arbeiten einführen. Die Überprüfung, Verifizierung und Verbesserung von Versuchsaufbauten und -ergebnissen stellt nicht nur einen direkten Bezug zur Arbeitswelt dar, sondern sollte es dem Schüler auch ermöglichen, sich mehr mit den Lerninhalten zu identifizieren und den Spaß am Lernen zu steigern.

Die hier zusammengestellten Experimente und Studien zeichnen sich dadurch aus, daß sie von Studenten der Primarstufe an der Erziehungswissenschaftlichen Fakultät der Universität zu Köln ausgetestet und auf ihre Durchführbarkeit im Grundschulunterricht hin überprüft worden sind.
Es sei an dieser Stelle darauf hingewiesen, daß es sich bei der Zusammenstellung der Versuche um Vorschläge handelt, die ohne weiteres vom jeweiligen Lehrer nach den für seine Klasse erstellten und geplanten Lernzielen anhand des vorhandenen Leistungsniveaus ausgesucht und modifiziert werden können und sollten.

So möchten wir Ihnen jetzt nur noch viel Erfolg und Spaß beim Einsatz der vorliegenden Versuche wünschen.

Köln, im Januar 1998 Die Autoren

Hinweise zum Arbeiten mit diesem Buch

Wie kann der Lehrer dieses Buch nun nutzbringend und thematisch folgerichtig im Unterricht verwenden ?

Auf den nächsten Seiten sind die *Aufgabenschwerpunkte* aus den *Rahmenrichtlinien* für den Sachunterricht in der Grundschule aufgeführt. Hier haben wir zwischen Schwerpunkten für die Klassen 1 und 2 sowie für die Klassen 3 und 4 unterschieden.
Wir haben die Schwerpunkte in weitere *Rubriken* unterteilt und ihnen die Experimente und Studien aus diesem Buch mit der jeweiligen Versuchsnummer zugeordnet.
Suchen Sie sich also die passenden Versuchsnummern zu dem von Ihnen gewünschten Thema heraus.

Auf den Seiten nach der jeweiligen *Zuordnungstabelle* finden Sie den Namen des Experimentes und die Seitenangabe zur gewünschten Versuchsnummer. Schlagen Sie nun die angegebenen Versuche nach, vergleichen Sie sie. Dann können Sie sich für den für Ihre Klasse und Lehrsituation am meisten geeigneten Versuch entscheiden.

Der Zuordnungstabelle können Sie ebenfalls entnehmen, welche Experimente und Studien sich für einen *fächerübergreifenden Einsatz* eignen.
Gerade bei Versuchen, die aufwendige Konstellationen erfordern, bei denen viel ausgemessen und gebaut werden muß, kann der Lehrer sehr gut fächerübergreifende Aspekte umsetzen.
Es kann auch sehr lohnend sein, Teilaspekte aus dem Deutsch- oder Sportunterricht zu vertiefen, um so zu einer ganzheitlicheren, praxisnahen Lernzielvermittlung zu gelangen.

Den Schülern kann somit der Bezug zwischen den einzelnen Unterrichtsfächern verdeutlicht werden.

Zuordnung der Versuche zu den Themen der Klassen 1 / 2

Themenbereiche	**Versuchsnummer**	**fächerübergreifend einzusetzen in:**			
		Mathematik	**Kunst**	**Musik**	**Sport**
Schule und Schulweg	59, 62		62		62
Zu Hause und auf der Straße	18, 23, 27, 43, 59, 60, 62		27, 62		62
Kleidung und Körperpflege	32, 69		32		
Essen und Trinken	28, 30, 75, 82, 83				
Pflanzen und Tiere	68, 69, 76				
Arbeitsstätte und Beruf	49, 50, 59		49		
Werkstoff und Werkzeug	14, 31, 45, 65, 71	14	14, 45		
Ich und die Anderen	26, 29, 37, 43, 46, 47, 57				29, 46
Mädchen und Jungen	46, 47				46
Sonstige	66, 67, 80, 84		80		66, 67, 84

Glossar zu den Versuchen für die Jahrgangsstufen 1 / 2

Versuchs-nummer	Versuchsbezeichnung	Lehrer- / Schülerversuch	Seite
14	Das Windrad	Schüler	51
18	Die Kraft des Eises	Lehrer	59
23	Das schwimmende Ei	Lehrer	69
26	Ein Versuch zum Echo	Schüler	75
27	Das Schnurtelefon	Schüler	77
28	Die Bakterien in der Milch	Schüler	79
29	Der Herzschlag	Schüler	82
30	Fettgehalt testen	Lehrer / Schüler	85
31	Der unbeugsame Strohhalm	Lehrer / Schüler	88
32	Zieht Euch warm an	Schüler	90
37	Tickt die Uhr?	Schüler	100
43	Die „Befühle und Beschreibe"-Box	Lehrer	112
45	Das selbstgebaute Instrument	Schüler	116
46	Teste Dein Lungenvolumen	Lehrer	118
47	Das bin ICH!	Schüler	120
49	Fallschirmbau	Schüler	125
50	Der Erdnuß - Detektiv	Schüler	127
57	Heiß oder kalt	Schüler	144
59	Der Feuerlöscher	Lehrer	148
60	Modell der Erde	Lehrer	150
62	Wie entsteht Schatten?	Schüler	155
65	Wärme - Leiter	Schüler	162
66	Die Wirkung des Auftriebs	Schüler	164
67	Der Druck des Wassers	Lehrer / Schüler	166
68	Der Sonne zugetan	Lehrer / Schüler	168
69	Wieso frieren Pinguine nicht?	Lehrer / Schüler	170
71	Was ist den Dingen gemeinsam?	Schüler	175
75	Schmeckt`s?	Schüler	185
76	Der Überraschungsgarten	Schüler	187
80	Wir erzeugen Geräusche	Schüler	195
82	Woher kommen die Fruchtfliegen?	Schüler	201
83	Obstsalat	Schüler	203
84	Was schwimmt, was sinkt?	Schüler	205

Zuordnung der Versuche zu den Themen der Klassen 3 / 4 - Teil 1

Themenbereiche	Versuchsnummern	fächerübegreifend einzusetzen in:				
		Mathematik	Kunst	Musik	Sport	Deutsch
Natürliche und gestaltete Umwelt						
Boden	1, 2, 18, 41, 44, 52	2	2			
Licht	5, 16, 38, 41, 62, 68, 69	5, 68	16			
Energie	14, 17, 65, 79		14, 17			
Schall	26, 27, 34, 36, 37, 39, 45, 74, 80, 85		27, 45	37, 45, 80		
Tiere und Pflanzen	1, 2, 40, 41, 44, 68, 69, 76, 77, 82	2, 68	2, 76			
Umweltbewußtsein	4, 5, 14, 17, 52, 60, 70, 73, 86	70, 73	14, 17, 70, 73			73
Körper und Gesundheit						
Körper	29, 32, 46, 81					
Sinnesorgane						
sehen: Auge	16, 83					
hören: Ohr	34, 37, 39, 80			37, 80		
schmecken: Zunge	42, 72, 75, 83					
riechen: Nase	33, 72					
tasten: Hände	43, 50, 57,					43
Waschen	19 ,20, 24, 25,					
Ernährung	28, 30, 75, 78, 82, 83					

Zuordnung der Versuche zu den Themen der Klassen 3 / 4 - Teil 2

Themenbereiche	Versuchsnummern	fächerübegreifend einzusetzen in:				
		Mathematik	Kunst	Musik	Sport	Deutsch
Fahrrad und Verkehr						
Elektrizität / Strom	3, 63, 64		64			
Materialien und Geräte	4, 27, 32, 51, 54, 55, 59, 63, 65, 71, 79, 81, 87	4, 87	4, 51, 54, 87			
Luft, Wasser, Wärme						
Luft	6, 7, 8, 9, 10, 11, 12, 13, 31, 35, 49, 55, 58, 79	7	7			
Wasser	4, 15, 17, 18, 19, 20, 21, 22, 23, 24, 53, 66, 67, 84, 86, 87	87	17, 24, 87			
Wärme	5, 6, 65, 69					
Wetter und Jahreszeiten	7, 11, 14, 18, 32, 38, 48, 53, 56, 70	7	7, 14, 48, 70			
Berufe	40, 61		40, 61			40

Glossar zu den Versuchen für die Jahrgangsstufen 3 / 4

Hinweise für das Experimentieren mit Schülern

Durch einen praktisch-orientierten Sachunterricht kann, wie bereits erwähnt, ein großes Spektrum an Lernzielen erreicht werden.
Damit dies gelingt, ist es allerdings erforderlich, mit den Schülern einige Spielregeln zu erarbeiten und einzuhalten.
Dies geschieht einerseits, um möglichen Gefahren vorzubeugen. Andererseits aber können die Schüler so auch die Möglichkeiten, die ihnen die Experimente bieten, umfassender nutzen. In erster Linie ist hier der Einblick in ein exaktes und wissenschaftliches Arbeiten zu nennen.

1. Auf dem Arbeitsplatz sollten nur die für das Experiment benötigten Dinge liegen. Vor allem Nahrungsmittel sind beim Experimentieren absolut fehl am Platze.
2. Wichtige Regeln oder Hinweise zum Ablauf des Experiments können zur besseren Visualisierung an die Tafel geschrieben oder an die Wand projiziert werden.
3. Der Lehrer sollte die „Protokollführung" vor dem Experimentieren genau erklären und üben, damit die Schüler den größtmöglichen Lernerfolg erzielen können.
4. Es ist hilfreich, zuverlässige Schüler festzulegen, die bei der Materialausgabe und beim Einsammeln nach dem Experimentieren helfen.
5. Die ausgeteilten Materialien und Geräte sollen erst benutzt werden, wenn der Lehrer ihren Gebrauch und den Versuchsablauf *komplett* erläutert hat.
6. Während des Experimentierens sollen die Schüler konzentriert und ausschließlich an ihrem Platz arbeiten. Gerade ein Herumrennen durch die Klasse kann zu neuen Gefahren durch umkippende Gläser oder ähnlichem führen.
7. Gefahren bergen auch „Schlabber-Pullis" mit weiten Ärmeln oder ähnliche Kleidungsstücke, die beim Experimentieren schnell beschmutzt werden können bzw. mit denen man leicht etwas umwerfen kann .
8. Hinweisen oder Warnungen des Lehrers muß sofort Folge geleistet werden.
9. Die Schüler sollen nach dem Experimentieren die benutzten Geräte und ihren Arbeitsplatz wieder reinigen.

Zur Handhabung der Experimente

Wir haben uns bemüht, die Experimente und Studien in einem einheitlichen, leicht verständlichen System aufzubereiten. Nachfolgend wollen wir Ihnen nun dieses System erläutern:

1. Die Seitenaufteilung:

Alle Experimente oder Studien umfassen mindestens zwei Seiten.
Die *erste Seite* beinhaltet ausschließlich *didaktische Informationen* für den Lehrer.
Auf der *zweiten Seite* wird eine *Beschreibung des Experiments* inklusive einer *Skizze* aufgeführt. Bei sehr umfangreichen Versuchsbeschreibungen wird noch eine weitere Seite für die Skizze benötigt.
Wenn Sie planen, das Experiment als ein Schülerexperiment durchzuführen, so ist die zweite (und die evtl. vorhandene dritte Seite) als *Kopiervorlage* gedacht. Um die Versuchsbeschreibung und die Skizze auf Din A4-Format zu erhalten, müssen Sie die Original-Buchseite lediglich mit 135%-Vergrößerung kopieren.
Zu einigen Experimenten haben wir auch ein *Arbeitsblatt* erstellt, welches ebenfalls kopiert werden kann und der Sicherung von Ergebnissen und Lernzielen dient.

2. Die erste Seite - didaktische Informationen:

Oben auf der ersten Seite findet sich der Name des Experiments. Darunter befindet sich der „Rahmeninfo-Kasten“, deren Einteilung und Symbolik wir zuerst erläutern wollen:

a) Der „Rahmeninfo-Kasten“

geeignet für Klasse	Lehrer-/Schüler-Experiment (Gruppengröße)	Vorbereitungszeit	Dauer des Experiments	Schwierigkeitsgrad
2 / 3	 **(6-8)**	**10 min**	**25 min**	☺☺☺

In diesem Feld ist angegeben, für welche Klassen sich der Versuch eignet. Teilweise lassen sich die Experimente auch durch leichte Veränderungen so modifizieren, daß sie auch in anderen Klassen angewandt werden können. Wir haben uns hauptsächlich danach gerichtet, für welche Stufen das Thema im Lehrplan angegeben ist.

Lehrer-/Schüler-Experiment (Gruppengröße)

Hier zeigen zwei Symbole an, ob der Lehrer dieses Experiment vorführen soll, oder ob sich der Versuch auch als Schülerversuch eignet. Viele Experimente lassen beide Gestaltungsformen zu, daher sind dann beide Symbole im Kasten abgebildet. Bei Schüler-Experimenten geben die Zahlen in Klammern an, welche Gruppengröße wir für geeignet halten.

Vorbereitungszeit

min

Die Vorbereitungszeit, in Minuten angegeben, erfaßt allein die Zeitspanne, die benötigt wird, um den Versuch aufzubauen und ggf. das Material an die Kinder auszuteilen.

Dauer des Experiments

Die Dauer des Experiments kann in Minuten, Stunden, aber auch in Tagen angegeben sein, wenn es sich um Langzeitversuche handelt. Der angegebene Zeitraum beschreibt nur die Dauer für die Durchführung des Experiments.

Schwierigkeitsgrad

☺

Wir haben die Experimente in drei unterschiedliche Schwierigkeitsstufen eingeteilt, die durch die Anzahl der 'Smileys' angegeben werden, wobei

☺ leichte, nicht aufwendige Experimente und

☺☺☺ komplizierte oder aufwendige Versuche

bezeichnen.

b) benötigtes Material

Unter dem Rahmeninfo-Kasten finden sich weitere wichtige Informationen zum Experiment.

Zunächst wird das benötigte Material aufgelistet. Hierbei ist zu beachten, daß immer nur die Materialmenge angegeben ist, die für *eine Durchführung* des Experimentes benötigt wird. Sollten Sie mehrere Schülergruppen gebildet haben, die jeweils für sich den Versuch durchführen sollen, so müssen Sie natürlich auch das Material in genügender Anzahl bereit halten.

Eine andere Möglichkeit ist, daß die Schüler ihr Material selber besorgen. Wenn Sie ihnen einige Tage zuvor die zu beschaffenden Gegenstände nennen, sollten die Schüler in der Lage sein, ihren Schülerver-

such vollkommen selbstständig, inklusive Materialbeschaffung, zu organisieren.
Vielfach sind auch Gegenstände austauschbar; Nägel durch Schrauben wäre ein einfaches Beispiel. Manche Versuche brauchen also nicht daran zu scheitern, daß Sie nicht das benötigte Material besorgen können.
Preiswerte oder kostenlose Holzstücke sowie andere Bastelmaterialien sind oft in Baumärkten zu besorgen. Oft kann man sich auch dort schon Holzreste zurechtschneiden lassen.
Fast alle von uns aufgeführten Materialien finden sich allerdings in jedem Bastelgeschäft oder Haushalt (Margarineschachteln, Saftpakkungen, Verpackungen von Käse oder Süßigkeiten, etc.).

c) Einbindung in den Unterricht

Unter diesem Punkt haben wir versucht, Ihnen Möglichkeiten aufzuzeigen, wie das Experiment in den Unterricht eingebaut werden kann. Einige Versuche sind mehreren, ganz unterschiedlichen *Themenbereichen* zuzuordnen. Die Dampfturbine z.B. kann bei der Behandlung des Themas „Energie“ eingesetzt werden. Sie erhält aber auch Aspekte, die im Themenbereich „Wasser“ angesprochen werden sollten.
Darüberhinaus ist es sinnvoll, wenn die Schüler vor der Durchführung einiger Experimente bereits über ein bestimmtes Vorwissen verfügen. So ist beispielsweise kein großer Lernerfolg zu erwarten, wenn die Schüler ein Experiment zur Reihenschaltung durchführen und gar nicht wissen, was überhaupt Strom und Stromfluß ist.
Ebenso sind bei vielen Versuchen *fächerübergreifende Aspekte* von Belang.

d) Lernziele / didaktische Hinweise

Die Verwendung von Experimenten im Sachunterricht bekommt nicht nur durch den auflockernden, unterhaltenden Moment seine Berechtigung, - im Gegenteil erachten wir solche praktischen Sequenzen als essentiell für eine schnelle und ganzheitliche Erfassung des Themas. Lerninhalte werden ‘be - griffen’.
Daher ist es für uns unumgänglich, zu jedem Experiment die damit verbundenen Lernziele zu formulieren.
Es wird durchaus vorkommen, daß Sie ein Experiment anders gewichten und dadurch einige Lernziele als nicht besonders wichtig erachten, oder für Ihre Klasse andere Lernziele festsetzen.

Wir haben uns daher bemüht, eine möglichst umfangreiche Aufstellung vorzunehmen.
Zu einigen Versuchen haben wir didaktische Hinweise hinzugefügt, die zumeist die Durchführung betreffen. Selbstverständlich liegt es in ihrem Ermessen, Experimente auszuschmücken bzw. zu ergänzen, so daß sie für Ihre Klasse deutlicher werden.

e) besondere Hinweise

In dieser Rubrik möchten wir auf die *Verletzungsgefahren* hinweisen, die das jeweilige Experiment birgt. Hier sind vor allem das Arbeiten mit heißem Wasser oder mit spitzen oder scharfen Gegenständen gemeint.

3. Die zweite Seite - Beschreibung und Skizze:

Wie zuvor bereits erwähnt ist diese Seite als *Kopiervorlage* verwendbar, wenn es sich um ein Schülerexperiment handelt. Daher haben wir als Anrede auch das „Du“ bzw. „Ihr“ gewählt.
Die Aufschlüsselung der Beschreibung ist sehr kleinschrittig und sollte daher auch von den Schülern in selbstständiger Arbeit nachvollzogen werden können.
Weisen Sie die Schüler darauf hin, daß bei komplizierteren Versuchbeschreibungen ein scharfer Blick auf die Skizze oftmals die Sache klarer macht.
Als Grundlage haben wir allerdings immer die unter der Rubrik „Material“ genannten Gegenstände vorausgesetzt, d.h. auf die korrekte Größe zurechtgesägte Bretter usw..
Ist das Material noch nicht auf die gewünschte Art ‘zubereitet’, müssen Sie die Schüler gesondert dazu auffordern, die Materialien in die richtige Größe oder Form zu bringen. Dies sollte allerdings auch kein Problem darstellen.
Einige Experimente oder Studien sind zwar als Schülerexperimente gedacht, jedoch enthält die zweite Seite die Anrede „Sie“. Das ist kein Versehen, sondern vielmehr ist es bei diesen Experiment nicht erforderlich, den Schülern die zweite Seite als Anleitung zu kopieren.

Experimente

und

Studien

für den Sachunterricht

1 *Erdsortentest*

geeignet für Klasse	Lehrer-/Schüler-Experiment (Gruppengröße)	Vorbereitungszeit	Dauer des Experiments	Schwierigkeitsgrad
3 / 4	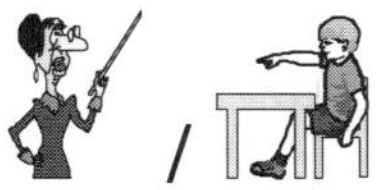 **(2-3)**	**10 min**	**mehrere Tage**	☺☺

benötigtes Material:

5 Blumentöpfchen
5 verschiedene Bodensorten (Sand, Kompost, Gartenerde, Torf, Lehm)
5 Zettelchen
1 Stift
Klebeband
5 kleine, gleiche Pflänzchen

Einbindung in den Unterricht:

Der Erdsortentest findet Verwendung im Themenbereich „Boden“ und kann, nachdem man die Zusammensetzung der Erde besprochen hat, eingesetzt werden. Dem Experiment könnte ein weiterer praktischer Unterrichtsabschnitt, z.B. in Form einer Hausaufgabe folgen, in welchem die Kinder die Zusammensetzung der Erde ihres Lebensraumes (z.B. im eigenen Garten) untersuchen sollen.
Auch kann anschließend an das Experiment besprochen werden, daß verschiedene Pflanzentypen auf verschiedenen Bodenarten überlebensfähig sind (z.B. der Kaktus im Wüstensand).

Lernziele / didaktische Hinweise:

Der Lehrer sollte darauf achten, daß alle Pflanzen gleichmäßig und regelmäßig gegossen werden und dieselbe Menge Licht bekommen.
Die Schüler sollen zu der Einsicht gelangen, daß die Pflanzen Ihre Nährstoffe dem Boden entziehen und daß unterschiedliche Bodenarten sich verschieden auf den Pflanzenwuchs auswirken, da evt. Nährstoffe fehlen.
Die Schüler sollen die Nährstoffe die in den verschiedenen Bodensorten enthalten sind, kennenlernen.

Beschreibung des Experiments:

1. Fülle zuerst in jedes der fünf Töpfchen genau eine Erdsorte. .
2. Schreibe nun auf die Zettel, welche Erdsorte Du in das jeweilige Töpfchen gefüllt hast und klebe die Zettel an die Töpfchen.
3. Setze jetzt in jedes Töpfchen eine Pflanze.
4. Gieße abschließend die Pflänzchen gut an.
5. Beobachte in den nächsten Tagen, wie sich die einzelnen Pflänzchen entwickeln.

Skizze des Versuchsaufbaus:

2 Der Regenwurmschaukasten

geeignet für Klasse	Lehrer-/Schüler-Experiment (Gruppengröße)	Vorbereitungszeit	Dauer des Experiments	Schwierigkeitsgrad
4	**(6-8)**	**45 min**	**5 Tage**	☺☺☺

benötigtes Material:

1 Grundplatte (40 x 20 x 0,5 cm)
2 Seitenplatten (9,5 x 36 x 0,5 cm)
2 Sockelleisten (20 x 9 x 5 cm)
4 Leisten (1,8 x 1,8 x 36 cm)
2 Leisten (1,8 x 1,8 x 29,5 cm)
20 lange Nägel
Holzleim
Fensterkitt
Hammer
Holzfräse oder Schaber
Grabkies
Sand
Mutterboden
Laubblätter
Holzbohrer (5 mm)
ca. 10 Regenwürmer
Klebeband
2 Blätter schw. Papier (Din A4)
2 Glasscheiben (35,5 x 26,5 x 0,5 cm)

Einbindung in den Unterricht:

Der Bau des Regenwurmschaukastens kann vielfältig im Unterricht eingebunden werden, z.B. bei der Behandlung der Themen „Boden", „Umwelt", „Wald" oder auch beim Thema „Tiere". Es bietet sich an, fächerübergreifend zu arbeiten. Die Erstellung des Kastens kann auch im Werkunterricht vorgenommen werden.

Lernziele / didaktische Hinweise:

Es bietet sich an, die Schüler möglichst viel selbstständig machen zu lassen. Sie können arbeitsteilig in kleineren Gruppen vorgehen.
Die Schüler sollen die Arbeit, die der Regenwurm verrichtet, verstehen und mit ihrer eigenen Erfahrenswelt in Einklang bringen.
Die Begriffe „natürlicher Dünger" (Laub), „lockerer Boden" und „Bodenschichten" sollen eingeführt und anhand des Versuchs erläutert werden.

besondere Hinweise:

Verletzungsgefahr besteht vor allem beim Ausfräsen der Leisten !
LehrerInnen, die Hemmungen haben, Regenwürmer anzufassen, sollten versuchen, sich soweit zu kontrollieren, daß die Schüler nicht negativ im Umgang mit Tieren, die sich etwas „komisch" oder „eklig" anfühlen, beeinflußt werden.

Beschreibung des Experiments:

1. Zunächst müßt Ihr alle Leisten jeweils entlang einer langen Seite mit der Fräse oder dem Schaber ca. 3 mm tief und 5mm breit ausfräsen. Später müssen dort die Ränder der Glasscheibe einfach einzulegen sein.
2. Bohrt nun mit dem Holzbohrer ca. 10 Löcher in den mittleren Bereich der Grundplatte. Dort soll später überschüssiges Wasser abfließen können.
3. Jetzt werden die Rahmen für die Glasscheiben angefertigt. Leimt dazu wie in Abbildung 1 jeweils 2 lange Leisten auf eine etwas kürzere. Paßt auf, daß die eingefrästen Rillen jeweils innen liegen. Wenn der Leim trocken ist, schlagt Ihr zum besseren Halt von unten einen Nagel hindurch.
4. Laßt die Glasscheiben in die Rahmen ein.
5. Verkittet nun die Glasscheiben an den Rändern von beiden Seiten.
6. Verleimt dann die Seitenplatten mit den eingerahmten Glasscheiben, so daß sich ein Viereck ergibt (siehe Abb. 2).
   Achtet darauf, daß die untere Fläche, die später auf den Boden gestellt wird, absolut eben wird. Ist der Leim getrocknet, stabilisiert Ihr dies noch mit jeweils 3 Nägeln.
7. Leimt nun von unten an jeweils gegenüberliegende Ränder der Grundplatte die Sockelleisten, auf denen der ganze Apparat nachher stehen soll. Ist der Leim trocken, werden auch die Sockel mit Nägeln befestigt.
8. Leimt jetzt die zusammengefügten Seitenteile und Rahmen mittig auf die Grundplatte.
9. Nun könnt Ihr mit dem Füllen beginnen: Gebt zuerst eine ca. 4 cm hohe Schicht Grabkies in Euren Kasten.
10. Darauf folgt eine etwa ebenso hohe Schicht Sand.
11. Durchmischt jetzt die Muttererde mit ein paar Laublättern und gebt diese obenauf dazu. Insgesamt sollte die Muttererde etwa zwei Drittel des Kastens füllen.
12. Danach könnt Ihr endlich die Regenwürmer in den Kasten geben. Es genügt, sie oben auf die Erde zu setzen.
    Da Regenwürmer lichtscheu sind, befestigt Ihr zuletzt noch mit dem Klebeband das schwarze Papier an den Glasscheiben. Wenn Ihr die Würmer beobachten wollt könnt Ihr es leicht wieder abnehmen. Stellt das Schüsselchen unter den Kasten, um überschüssiges Wasser aufzufangen.
13. Nun müßt Ihr nur noch dafür sorgen, daß die Erde im Kasten immer feucht ist - also: regelmäßig gießen !

Skizzen des Versuchsaufbaus:

Abbildung 1

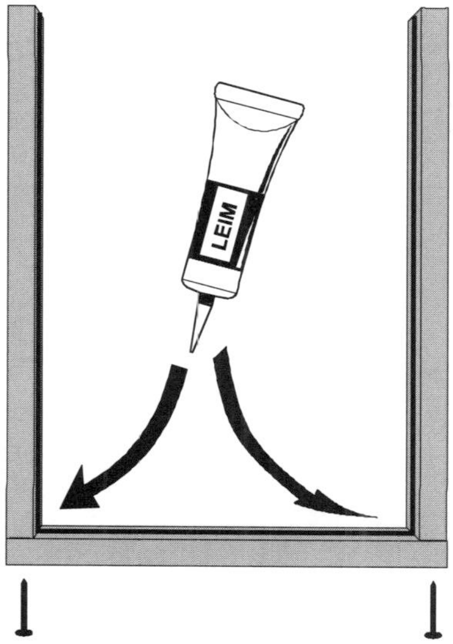

Abbildung 2

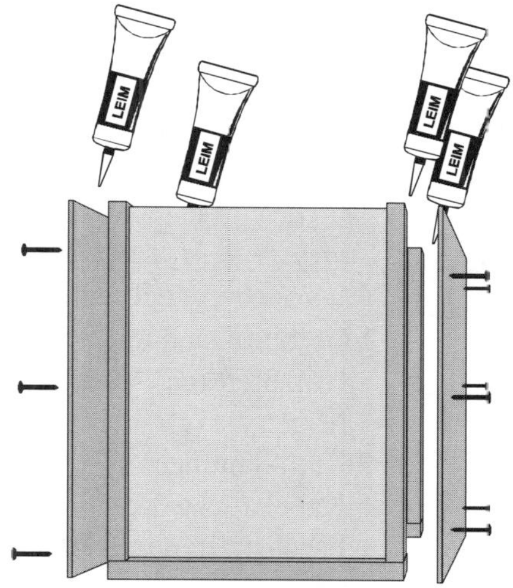

Abbildung 3

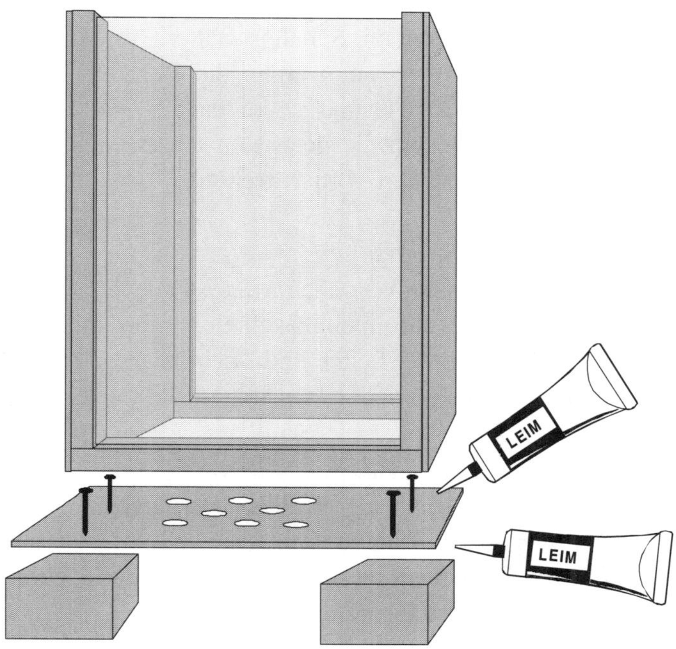

3 *Leiter und Nichtleiter*

geeignet für Klasse	Lehrer-/Schüler-Experiment (Gruppengröße)	Vorbereitungszeit	Dauer des Experiments	Schwierigkeitsgrad
3 / 4	 (2-3)	**10 min**	**10 min**	☺☺

benötigtes Material:

4,5 V Batterie oder eine ähnliche Stromquelle
1 Glühbirnchen mit Sockel
1 Holzbrett (ca. 15 cm x 15 cm)
2 Nägel
2 Büroklammern
5 Kabelstücke á ca. 20 cm
1 Blechstreifen (ca. 10 cm x 1,5 cm)
verschiedene Testobjekte (z. B.: Bleistiftmine, Butterbrotdose...)

Einbindung in den Unterricht:

Das Thema „Elektrizität“ kann aufbauend auf diesem Experiment erschöpfend für die Primarstufe behandelt werden.
Die Schüler sollten mit Schalter, Batterie und Glühbirne vertraut sein. Bei diesem Experiment werden die Begriffe Leiter und Nichtleiter thematisiert. Das Thema sollte danach vertieft und systematisiert werden, z.B. indem die getesteten Gegenstände nach dem Material, aus dem sie bestehen, sortiert werden.

Lernziele / didaktische Hinweise:

Die Schüler sollen verstehen, was es bedeutet, daß Strom *fließt.*
Der Begriff des Stromleiters soll eingeführt und verstanden werden.
Die Schüler sollen Leiter und Nichtleiter unterscheiden können und verschiedene Materialien klassifizieren können.

besondere Hinweise:

Der Versuch sollte als Schülerexperiment nur in Klassen durchgeführt werden, die verantwortungsbewußt mit Strom umgehen können.
Vorsicht, daß die Nägel nicht zu weit in die Bretter und somit in den Tisch geschlagen werden!

Beschreibung des Experiments:

1. Baut zunächst einen Schalter. Dafür braucht Ihr: 2 Nägel, den Blechstreifen und das Brett. Knickt ca. 2 cm des Blechstreifens leicht ein. Schlagt nun einen Nagel durch das kurze, umgeknickte Ende des Blechstreifens und befestigt ihn so an der einen Seite des Holzbrettes.
2. Schlagt einen zweiten Nagel auf der gegenüberliegenden Seite des Holzbrettes ein, so daß der Blechstreifen, wenn er heruntergeklappt wird, den Nagel noch berühren kann.
3. Nun wird der Stromkreis aufgebaut. Dazu braucht Ihr die Kabelstücke, 1 Batterie, 1 Glühbirne und 2 Büroklammern. Befestigt ein Kabel zwischen Batterie und Sockel der Glühbirne. Ein weiteres spannt Ihr vom anderen Ende des Birnchens zum Schalter. Das nächste Kabel befestigt Ihr am anderen Ende des Schalters und das freie Kabelende wickelt Ihr um eine Büroklammer. Befestigt zuletzt das vierte Kabelstück am freien Pol der Batterie und wickelt das freie Kabelende um die zweite Büroklammer.
4. Nun wird getestet, welche Gegnstände leiten und welche nicht leiten. Klemmt die zu testenden Gegenstände zwischen die Heftklammern und schließt den Schalter. Wenn das Lämpchen aufleuchtet, leitet der Gegenstand Strom. Am besten beginnt Ihr mit einem Kabelstück, um zu testen, ob der Stromkreis auch funktioniert und alles richtig angeschlossen ist.
5. Tragt die Ergebnisse in Euer Versuchsprotokoll ein.

Skizze des Versuchsaufbaus:

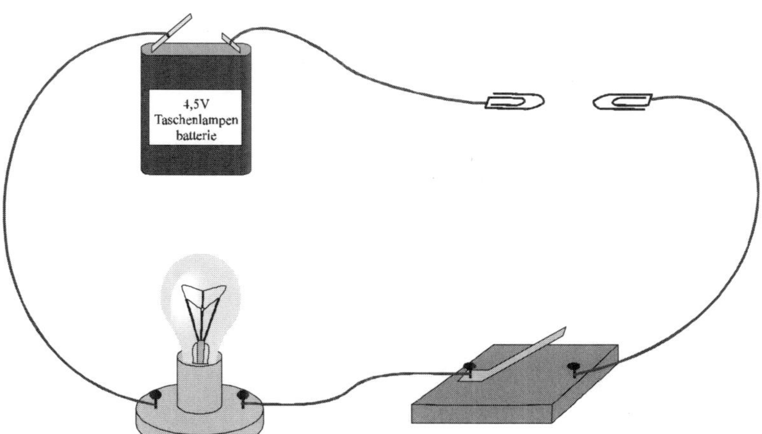

Versuchsprotokoll:

getesteter Gegenstand	**leitet**	**leitet nicht**	**Material** (mit dem Lehrer ausfüllen)
Kabelstück	X		

4 *Dampfturbine*

geeignet für Klasse	Lehrer-/Schüler-Experiment (Gruppengröße)	Vorbereitungszeit	Dauer des Experiments	Schwierigkeitsgrad
3 / 4	**(3-4)**	**15 min**	**30 min**	☺☺

benötigtes Material:

1 runde Korkplatte (Durchmesser ca. 7,5 cm)
8 Blechstreifen (ca. 1 x 3 cm)
1 flaches Holzbrett (ca. 10 x 10 cm)
1 langer Nagel
1 Reagenzglas
1 Bunsenbrenner oder ähnliches
1 Dreibein (mit Asbestmatte)
1 Erlenmeyerkolben mit Stopfen und abgewinkeltem Glasrohr Wasser

Einbindung in den Unterricht:

Das Experiment eignet sich für die Themengebiete „Luft", „Wasser", „Wärme".
Es kann zur Vertiefung des Themas „Wasser„ oder „Energie" oder als Erläuterung zum Prinzip der Dampfturbine eingesetzt werden.
Einige Vorkenntnisse über die physikalischen Eigenschaften des Wassers (z.B. Siedepunkt) sollten vorhanden sein oder könnten aber auch anhand des Experimentes erläutert werden.

Lernziele / didaktische Hinweise:

Die Schüler lernen eine Art der Energiegewinnung kennen und erhalten Einsicht in die Funktionsweise von Dampfturbinen.
Die Schüler sollten angehalten werden, möglichst viel des kleinen Apparates selbstständig aufzubauen.

besondere Hinweise:

Die Handhabung des Bunsenbrenners (resp. Spiritusbrenner o.ä.), sollte dem Lehrer vorbehalten sein. Außerdem ist es sinnvoll, daß der Lehrer den Nagel selbst durch das Brett hämmert und das Loch in die Korkplatte einstanzt, um die Verletzungsgefahr zu vermindern.
Um einen Siedeverzug zu vermeiden sind unbedingt Siedesteine in den Erlenmeyerkolben einzufüllen.
Vorsicht vor Verbrühungen mit Wasserdampf !!

Beschreibung des Experiments:

1. Stecke die Blechstreifen in gleichmässigen Abständen in die Korkplatte (Tip: Zeichne die Stellen zuvor mit einem Bleistift an.).
2. Stecke das Korkrad vorsichtig auf das Reagenzglas - es muß möglichst fest sitzen.
3. Stülpe das Reagenzglas über den Nagel auf dem Brett.
4. Fülle Wasser in den Erlenmeyerkolben und verschließe ihn sorgfältig mit dem Stopfen.
5. Stecke jetzt das abgewinkelte Rohr in den Stopfen.
6. Baue den Rest so auf, wie die Zeichnung es zeigt. Achte darauf, daß das Korkrad auf der Höhe des Rohrausgangs ist. Außerdem darf das Rohr nicht genau auf die Mitte des Korkrads zeigen, sonst wird es sich nicht drehen.
7. Dann endlich kannst Du oder Dein Lehrer damit beginnen, das Wasser zu erhitzen.

Skizze des Versuchsaufbaus:

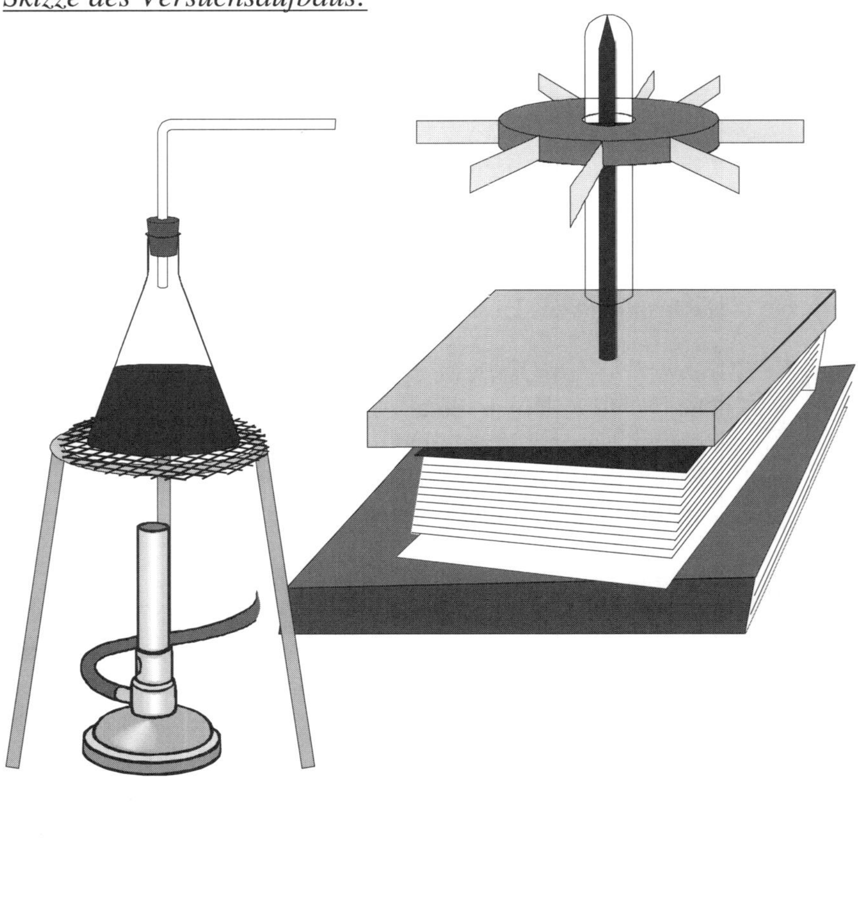

5 *Der Wassererhitzer*

geeignet für Klasse	Lehrer-/Schüler-Experiment (Gruppengröße)	Vorbereitungszeit	Dauer des Experiments	Schwierigkeitsgrad
3 / 4		**10 min**	**45 min**	☺

<u>benötigtes Material:</u>

2 gleichgroße Blechdosen, am besten mit Deckel
Aluminium-Folie
dünne schwarze Pappe
1 Schere
2 Thermometer
1 Messer
Klebeband

<u>Einbindung in den Unterricht:</u>

Das Experiment kann als Einleitung zu den Themen „Energie„ und „Sonne“ benutzt werden. Anschließend an dieses Experiment kann das Thema Solar-Energie behandelt werden.

<u>Lernziele / didaktische Hinweise:</u>

Die Schüler sollen erkennen, welchen Beitrag die Sonne zur Energiegewinnung leisten kann.
Sie sollen lernen, daß dunkle Farben Sonnenlicht gut absorbieren und in Wärme umwandeln.
Sie sollen lernen, daß bestimmte Materialien (z. B. Alufolie) Sonnenlicht reflektiert und somit eine Wärmeumwandlung nicht möglich ist.

Beschreibung des Experiments:

1. Verkleiden Sie eine der Blechdosen rundum mit dem schwarzen Papier, die andere mit der Alufolie.
2. Stechen Sie in den Deckel der Dosen jeweils ein Loch - groß genug, um das Thermometer durchzustecken.
3. Füllen Sie die Dosen mit Wasser und verschließen Sie die Deckel mit dem Klebeband.
4. Stellen Sie die Thermometer in die Dosen und lesen Sie die Temperaturen des Wassers ab. Sie sollten ungefähr gleich sein.
5. Stellen Sie die Dosen nun in die Sonne.
6. Lassen Sie nach einiger Zeit die Schüler die Temperaturen erneut ablesen und in die Tabelle eintragen (je länger Sie mit dem Ablesen warten, desto deutlicher die Differenzen !).

Skizze des Versuchsaufbaus:

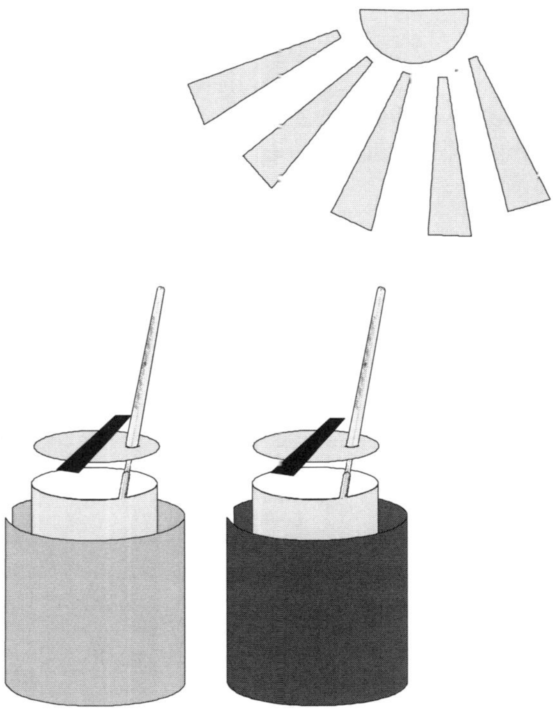

Versuchsergebnisse

Zeit	Temperatur Dose 1	Temperatur Dose 2
nach 10 Min.		
nach 20 Min.		
nach 30 Min.		
nach 40 Min.		
nach 50 Min.		
nach 60 Min.		

6 *Der sich selbst aufblasende Ballon*

geeignet für Klasse	Lehrer-/Schüler-Experiment (Gruppengröße)	Vorberei-tungszeit	Dauer des Experiments	Schwierig-keitsgrad
3 / 4		**5 min**	**10 min**	☺☺

benötigtes Material:
1 stabile Plastikflasche mit schmaler Öffnung
1 Luftballon
1 Schüssel (Aluminium oder Keramik, kein Glas)
kochendes Wasser
Eis

Einbindung in den Unterricht:
Das Experiment ist für Unterrichtsreihen zu den Themen „Wärme„ und „Luft" einsetzbar. Es dient der Veranschaulichung des Verhaltens von Gasen in Abhängigkeit zur Temperatur. Es gibt einige Alltagsbeispiele zu diesem Experiment, die im Anschluß angesprochen werden können, z.B. der Luftdruck im Auto- oder Fahrradreifen, wenn die Sonne auf ihn scheint, die Funktionsweise eines Heißluftballon, etc..

Lernziele / didaktische Hinweise:
Die Schüler sollen erfassen, wie Gase auf Temperaturänderungen reagieren und die Beobachtungen auf Alltagssituationen transferieren können.
Überprüfen Sie vorher, daß das Gummi des Ballons wirklich schon sehr ausgeleiert ist. Der Effekt wird durch geringere Elastizität des Gummis verstärkt, da der Widerstand geringer ist.

besondere Hinweise:
Vorsicht mit dem kochenden Wasser, wenn die Schüler zur Überprüfung der Beobachtung an den Versuchsaufbau herantreten.

Beschreibung des Experiments:

1. Pusten Sie den Ballon einige Male auf und lassen Sie die Luft wieder heraus, so daß seine Elastizität nachläßt.
2. Blasen Sie ein bißchen Luft in den Ballon und stülpen Sie ihn nun über die Öffnung der Plastikflasche.
3. Stellen Sie die Flasche in die Schüssel und verweisen Sie auf den Zustand des Luftballons.
4. Füllen Sie jetzt kochendes Wasser in die Schüssel und warten Sie ab, bis der Ballon sich deutlich vergrößert hat.
5. Dann kippen Sie das heiße Wasser wieder aus und geben Eis in die Schüssel. Achten Sie beide Male darauf, daß die Schüssel möglichst voll ist.
6. Warten Sie jeweils ab, bis der Effekt richtig eingetreten ist.

Skizze des Versuchsaufbaus:

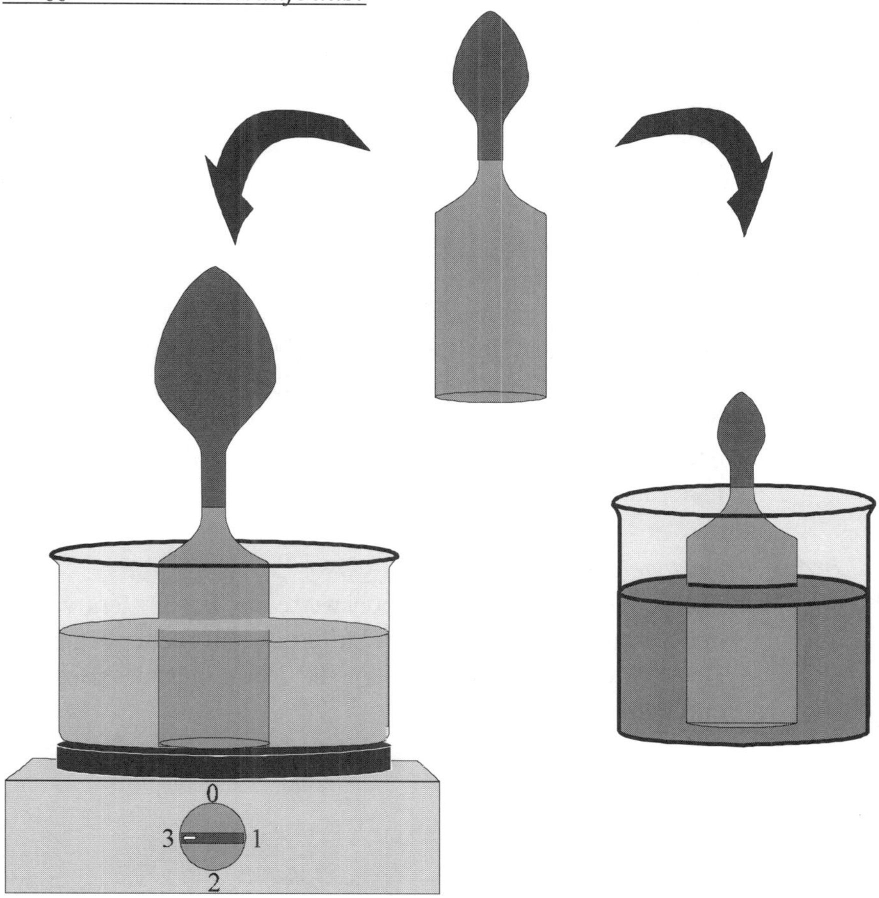

7 Das Barometer

geeignet für Klasse	Lehrer-/Schüler-Experiment (Gruppengröße)	Vorbereitungszeit	Dauer des Experiments	Schwierigkeitsgrad
4	/ **(3-4)**	**30 min**	**mehrere Tage**	☺☺☺

benötigtes Material:
1 großer Luftballon mit dicker Haut
1 Einweckglas
Kordel
1 Schuhkarton
2 Strohhalme
2 Nadeln
1 Holzplatte (ca. 20 x 30 cm)
Kleber
Schere
Stifte

Einbindung in den Unterricht:
Die Anwendung des Barometers im Unterricht kann zur Verdeutlichung des Begriffs „Luftdruck“ dienen. Des weiteren kann es bei der Behandlung des Themas „Wetter“ oder auch zur Verdeutlichung des Drucks beim Thema „Luft“ in den Unterricht eingebunden werden. Nachdem man den Zusammenhang zwischen Luftdruck und Wetter besprochen hat, kann es als klasseneigenes Barometer in der Klasse verbleiben.

Lernziele / didaktische Hinweise:
Die Schüler sollen die Funktionsweise des Barometers verstehen und den Zusammenhang zwischen Luftdruck und Wetter begreifen.
Der Lehrer sollte den Schülern die Bedeutung des Begriffs *eichen* erklären.

Beschreibung des Experiments:

1. Nehmt den Deckel des Schuhkartons, stellt ihn aufrecht neben das Glas und schneidet ihn bis ca. 1 cm über dem Glas ab. Das Glas muß nachher (bei aufgesetztem Deckel) halb im aufrecht gestellten Schuhkarton stehen können, ohne die Schuhkartonabdeckung zu berühren. Den Deckel klebt Ihr nun auf dem Karton fest. Ihr könnt ihn mit Papier überziehen und bemalen.
2. Schneidet den Hals des Ballons ab und stülpt den Ballon über die Öffnung des Einweckglases, so daß das Gummi über der Öffnung ganz stramm sitzt.
3. Bindet das Gummi am Hals des Glases fest, indem Ihr die Kordel mehrfach darumwickelt und festknotet (siehe Abb. 1).
4. Schneidet ein 7 cm langes Stück vom Strohhalm ab. Schneidet es an einem Ende auf zwei gegenüberliegenden Seiten etwa 1,5 cm tief ein. Ihr könnt den Strohhalm auf dieser Seite nun auseinanderknicken, so daß er wie auf zwei Füßen steht.
5. Schneidet auf der anderen Seite auf zwei gegenüberliegenden Seiten jeweils ein U-förmiges Stück aus, so daß Ihr nachher den zweiten Strohhalm in diese Nischen legen könnt. Der Strohhalm muß nun wie in Abb. 2 aussehen.
6. Klebt den Strohhalm mit den „Füßchen“ in der Mitte der Öffnung des Glases auf das Gummi.
7. Schneidet vom anderen Strohhalm ein 11 cm langes Stück ab und legt es in die Mulde des ersten Strohhalmes, so daß er nach hinten etwa 1 cm übersteht. Das ganze befestigt Ihr, indem Ihr eine Nadel durch die beiden Strohhalme steckt. Der zweite Halm (der Zeiger) muß mit dem ersten verbunden sein und sich trotzdem auf und ab bewegen können.
8. Stellt nun das Glas mit den Strohhalmen so in den Schuhkarton, daß etwas mehr als die Hälfte draußen steht. Schneidet jetzt ein Stück der Standfläche des Schuhkartons, auf der das Glas steht aus, so daß das Glas eben steht. Stellt Glas und Schuhkarton auf das Holzbrett. So könnt Ihr den Apparat leichter transportieren.
9. Steckt die zweite Nadel durch die lange Seite des Zeiger-Strohhalmes, etwa 4 cm von der Verbindung mit dem ersten Strohhalm entfernt. Steckt sie soweit hindurch, daß Ihr mit der Nadel den Strohhalm am Karton befestigen könnt. Der Strohhalm sollte möglichst waagerecht stehen. Achtung ! Die andere Nadel darf nicht in den Karton gesteckt werden !
10. Jetzt ist das Barometer fast fertig. Ihr müßt es nur noch *eichen.* Dazu Macht dazu einen Strich an der Stelle auf die Euer Zeiger zeigt und malt ein Symbol für das Wetter, daß gerade draußen ist. Das wiederholt Ihr sobald sich in den nächsten Tagen das Wetter ändert. Der Zeiger zeigt dann auch auf eine andere Stelle. Ihr erhaltet eine Skala wie in Abb.3 gezeigt.

Skizze des Versuchsaufbaus:

Abbildung 1

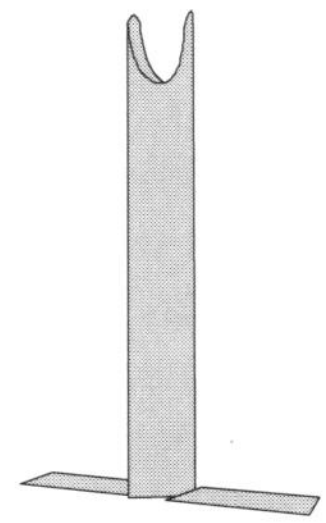

Abbildung 2

Abbildung 3

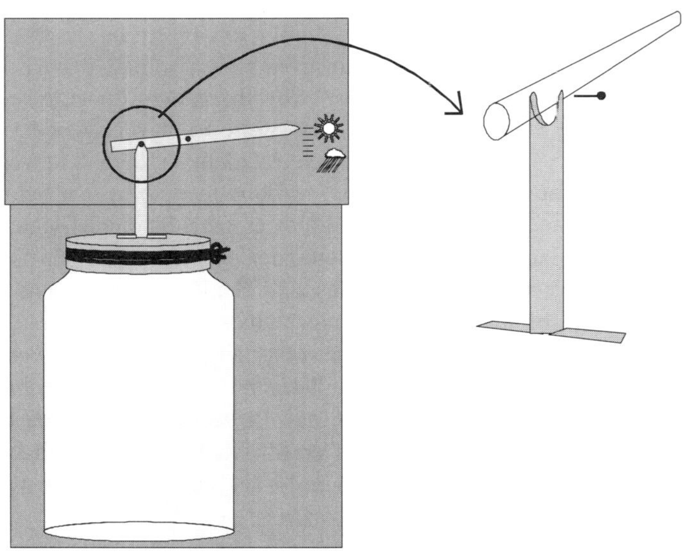

8 *Die kaputte, dichte Flasche*

geeignet für Klasse	Lehrer-/Schüler-Experiment (Gruppengröße)	Vorbereitungszeit	Dauer des Experiments	Schwierigkeitsgrad
3 / 4		**10 min**	**5 min**	☺

<u>*benötigtes Material:*</u>
1 Plastikflasche mit Verschluß (am besten ein Korken)
1 Messer
1 Eimer oder Waschbecken
Wasser

<u>*Einbindung in den Unterricht:*</u>
Das Experiment kann zum Thema „Luft“ bei der Behandlung des Luftdrucks in den Unterricht eingebunden werden. Weitere alltägliche Erfahrungen mit diesem Phänomen können anschließend besprochen werden.

<u>*Lernziele / didaktische Hinweise:*</u>
Der Begriff „Luftdruck“ wird eingeführt. Die Schüler sollen in Zusammenhang mit dem Luftdruck auch den Begriff Unterdruck einzuordnen wissen.
Sie sollen eigene alltägliche Beispiele nennen können, bei denen sich das Phänomen des Versuchs zeigt.

Beschreibung des Experiments:

1. Bohren Sie mit dem Messer ein Loch in die Plastikflasche nahe des Bodens.
2. Verschließen Sie das Loch nun mit einem Finger und füllen Sie die Flasche voll Wasser.
3. Halten Sie die Flasche über das Waschbecken (bzw. den Eimer) und nehmen Sie den Finger vom Loch. Lassen Sie die Flasche leerlaufen.
4. Füllen Sie die Flasche erneut bei verschlossenem Loch.
5. Verschließen Sie die Flasche nun mit dem Korken oder dem Verschluß, so daß sie oben völlig dicht ist.
6. Nehmen Sie wiederum den Finger vom Loch.
7. Warten Sie eine Zeit ab, bis alle Schüler sich vergewissert haben, daß wirklich nichts aus der Flasche hinausläuft. Dann öffnen Sie den Verschluß und lassen die Flasche leer laufen.

Skizze des Versuchsaufbaus:

9 *Die erstickte Kerze*

geeignet für Klasse	Lehrer-/Schüler-Experiment (Gruppengröße)	Vorbereitungszeit	Dauer des Experiments	Schwierigkeitsgrad
4		**5 min**	**2 min**	☺☺

benötigtes Material:

1 Einweckglas oder anderes Gefäß mit großer Öffnung
1 flache Schale
1 Kerze
Wasser
Streichhölzer

Einbindung in den Unterricht:

Dieses Experiment zeigt, daß Luft aus verschiedenen Gasen besteht. Des weiteren wird der Sauerstoffgehalt der Luft durch dieses Experiment gut veranschaulicht.

In Anschluß an das Experiment kann der Lehrer genauer auf die Zusammensetzung der Luft eingehen.

Lernziele / didaktische Hinweise:

Die Schüler müssen wissen, daß bei einer Verbrennung Sauerstoff benötigt wird. Andernfalls sollte dies vor Durchführung des Experiments vom Lehrer angegeben werden. Dies kann durch die Demonstration der Kienspanprobe geschehen.

Die Schüler sollen lernen, daß in der Luft Sauerstoff vorhanden ist.

Des weiteren soll ihnen die Größenordnung des Sauerstoffgehalts im Gedächtnis bleiben.

Beschreibung des Experiments:

1. Befestigen Sie die Kerze in der Mitte der Schale.
2. Füllen Sie die Schale fast vollständig mit Wasser.
3. Entzünden Sie die Kerze.
4. Stülpen Sie das Glas über die Kerze. Halten Sie es etwas schräg, da die Kerze ansonsten sofort erlischt. Stellen Sie das Glas in der Schale auf Streichhölzer und nicht flach auf den Boden, da sonst kein Wasser hineinfließen kann.
5. Lassen Sie die Schüler den Wasserstand im Glas betrachten, nachdem die Kerze erloschen ist. Die Schüler sollen erkennen, daß Sauerstoff verbraucht wurde.

Skizze des Versuchsaufbaus:

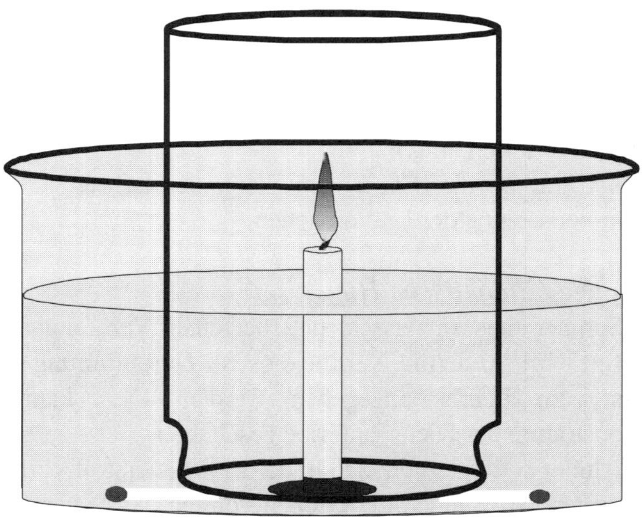

10 *Luft braucht Raum*

geeignet für Klasse	Lehrer-/Schüler-Experiment (Gruppengröße)	Vorbereitungszeit	Dauer des Experiments	Schwierigkeitsgrad
3 / 4	 **(2-3)**	**2 min**	**2 min**	☺

benötigtes Material:

2 Gläser

1 ausreichend große Glasschüssel

Wasser

Einbindung in den Unterricht:

Bei der Behandlung des Themas „Luft“ kann dieses Experiment eingesetzt werden, um zu verdeutlichen, daß Luft Raum benötigt.

Ebenso wird ersichtlich, daß Luft Druck ausübt.

Auch das Prinzip der Taucherglocke kann erläutert werden, und somit die Frage, wie Menschen unter Wasser atmen können.

Lernziele / didaktische Hinweise:

Der Schüler soll verstehen, daß Luft einen bestimmten Raum einnimmt, obwohl man Sie nicht sehen, greifen, schmecken... kann.

Sie sollen in der Lage sein, Alltagssituationen zu nennen, in denen sie dies feststellen können.

Beschreibung des Experiments:

1. Füllt die Glasschüssel zu etwa drei Viertel mit Wasser.
2. Haltet das eine Glas mit der Öffnung nach unten und drückt es in die Schüssel bis auf den Boden. Es darf kein Wasser in das Glas kommen, haltet es nach Möglichkeit ganz gerade.
3. Während Ihr das eine Glas auf dem Boden haltet, legt Ihr das zweite Glas ins Wasser. Haltet es schräg, so daß es voll Wasser läuft.
4. Haltet nun das zweite (mit Wasser gefüllte) Glas auch, leicht gekippt, mit der Öffnung nach unten und zwar ganz dicht über dem ersten Glas.
5. Jetzt kippt das erste (mit Luft gefüllte) Glas leicht zur Seite, so daß sich die Öffnung in Richtung des zweiten Glases hebt und die Luft in das zweite Glas entweichen kann.

Skizze des Versuchsaufbaus:

1. 2.

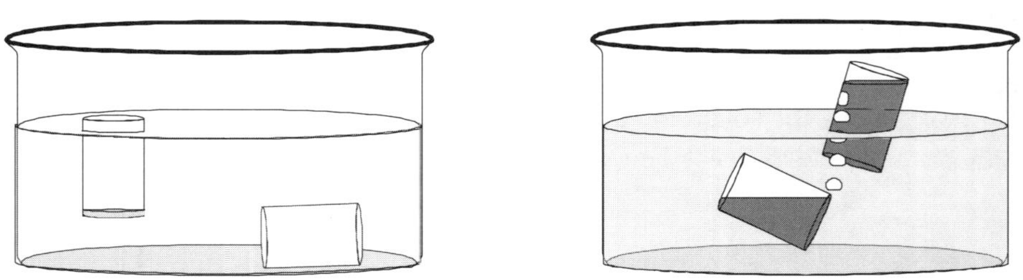

11 *Die Luftwaage*

geeignet für Klasse	Lehrer-/Schüler-Experiment (Gruppengröße)	Vorbereitungszeit	Dauer des Experiments	Schwierigkeitsgrad
4		**10 min**	**5 min**	☺☺

benötigtes Material:

3 Stücke Kordel
1 Holzstock
Lineal
einige Bücher
2 gleichgroße Papiertüten
1 Kerze
Feuer

Einbindung in den Unterricht:

Das Experiment zeigt, daß warme Luft aufsteigt und kann im Themenbereich „Luft“, aber auch im Bereich „Wetter und Klima“eingesetzt werden.

Lernziele / didaktische Hinweise:

Die Schüler sollen lernen, daß erwärmte Luft aufsteigt. Damit verbunden können Themen aus dem Bereich „Wetter“ wie Hoch- und Tiefdruckgebiete behandelt werden.

besondere Hinweise:

Achten Sie darauf, daß die Kerze die Papiertüte nicht anbrennt. In diesem Fall würden die Schüler das Aufsteigen evt. mit dem Gewichtverlust der Tüte erklären.

Beschreibung des Experiments:

1. Knoten Sie ein Ende einer Kordel an den Holzstab. Machen Sie aus dem anderen Ende eine Schleife und hängen Sie das Lineal hinein. Legen Sie den Holzstab dann auf einen Bücherstapel, so daß das Lineal frei pendelt.
2. Präparieren Sie die Papiertüten wie folgt: Stechen Sie zwei kleine Löcher auf gegenüberliegenden Seiten in die Papiertüten in der Nähe des Bodens. Ziehen Sie nun die Kordel hindurch und verknoten Sie diese zu einer Schlaufe.
3. Hängen Sie die Papiertüten nun (mit der Öffnung nach unten) auf die linke und rechte Seite des Lineals, so daß die somit konstruierte Waage im Gleichgewicht bleibt.
4. Stellen Sie jetzt die Kerze unter eine der Papiertüten und entzünden Sie sie.

Skizze des Versuchsaufbaus:

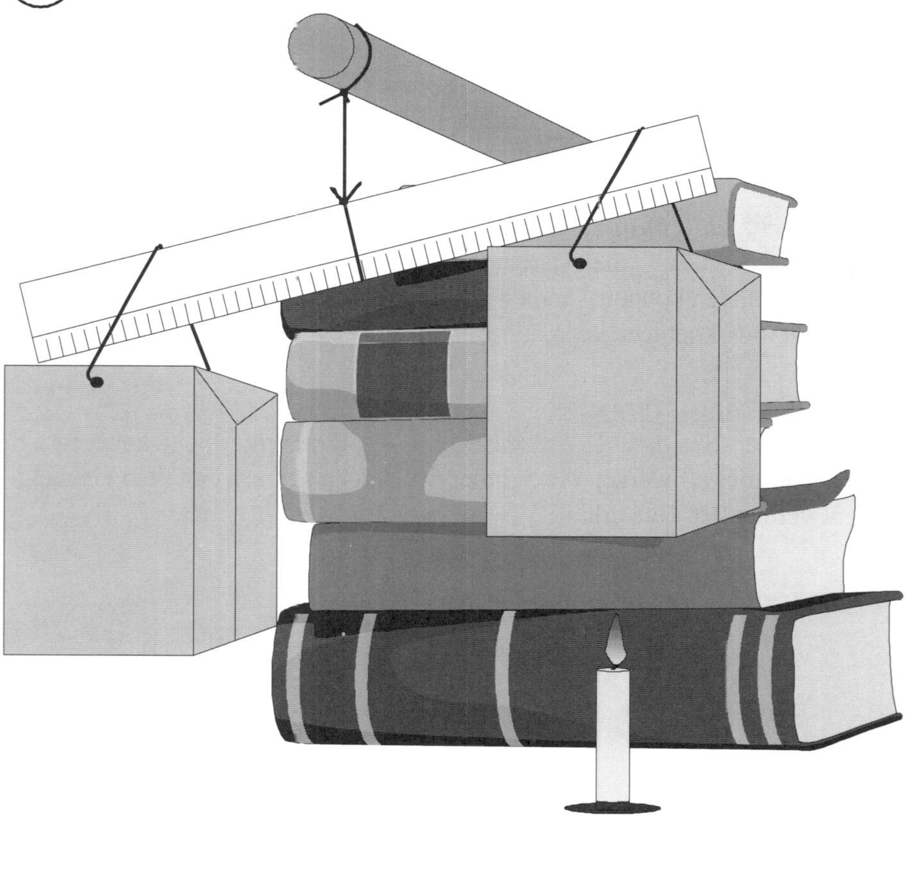

12 *Das Ei in der Flasche*

geeignet für Klasse	Lehrer-/Schüler-Experiment (Gruppengröße)	Vorbereitungszeit	Dauer des Experiments	Schwierigkeitsgrad
3 / 4		**5 min**	**3 min**	☺☺

benötigtes Material:

1 hart gekochtes, gepelltes Ei
1 Flasche, deren Öffnung ein wenig kleiner ist als das Ei (Kakao- oder Milchfläschchen)
1 Papierknäuel
Feuer

Einbindung in den Unterricht:

„Das Ei in der Flasche“ ist ein einführendes oder weiterführendes Experiment zum Thema „Luft“. Es zeigt, daß Luft Raum einnimmt und daß bei einer Verbrennung Sauerstoff verbraucht wird.
Ebenso könnte der Versuch auch beim Thema „Feuer“ Verwendung finden.

Lernziele / didaktische Hinweise:

Die Schüler sollen den Begriff Unterdruck kennenlernen.
Des weiteren sollen sie verstehen, daß bei einer Verbrennung Sauerstoff verbraucht wird und Sauerstoff ein Bestandteil der Luft ist.

Beschreibung des Experiments:

1. Setzen Sie das gepellte Ei auf die Flaschenöffnung und zeigen Sie den Schülern, daß nur mit Mühe hineingepreßt werden kann.
2. Nehmen Sie das Ei wieder von der Flasche und entzünden Sie das Papierknäuel. Lassen Sie das brennende Papierknäuel vorsichtig in die Flasche fallen.
3. Setzen Sie das Ei sofort wieder auf die Flaschenöffnung (mit der spitzeren Seite voran), so daß keine Luft von außen mehr in die Flasche gelangen kann.

Skizze des Versuchsaufbaus:

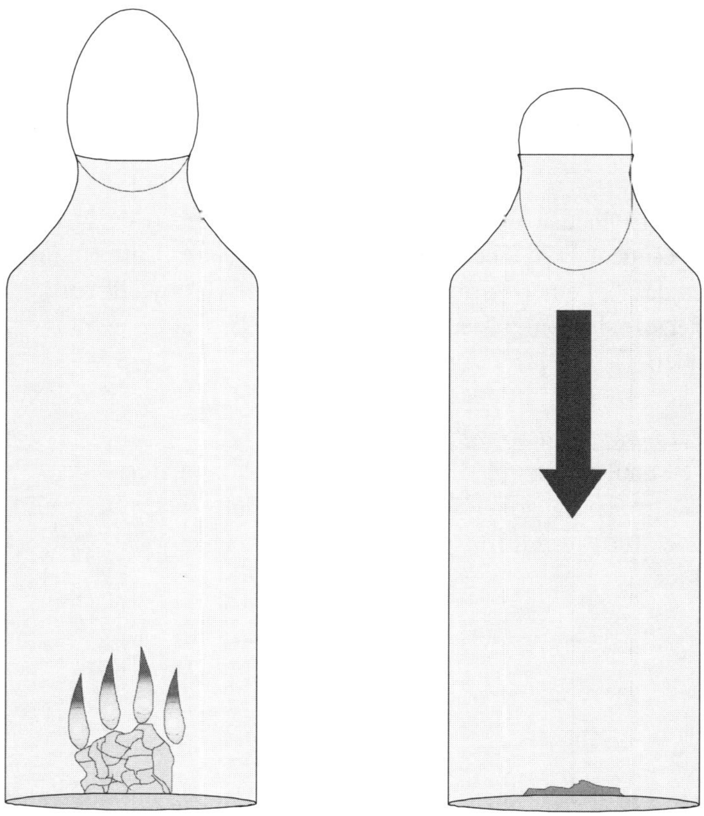

13 *Die magische Pappe*

geeignet für Klasse	Lehrer-/Schüler-Experiment (Gruppengröße)	Vorbereitungszeit	Dauer des Experiments	Schwierigkeitsgrad
3 / 4		**1 min**	**3 min**	☺

benötigtes Material:

1 Wasserglas
1 (ggf. 2) Stück Pappe
1 Waschbecken

Einbindung in den Unterricht:

Dieser Versuch kann als weiterführendes Experiment zum Thema „Luft“ eingesetzt werden, um den Luftdruck zu veranschaulichen. Eventuell kann das Experiment als unterstützende Erläuterung zum Barometer dienen. Es verdeutlicht auf jeden Fall, auch für sich allein durchgeführt, die immense Kraft des Luftdrucks, der größer ist als der Druck in einem Glas Wasser.

Lernziele / didaktische Hinweise:

Die Schüler sollen verstehen, daß Luft nicht einfach nur da ist, sondern auch Druck ausübt.
Zur Verdeutlichung könnte der Lehrer nachher ein Experiment mit einem nur etwa halbvollen Glas durchführen, bei dem die Pappe abfällt. Sonst läge für die Schüler die Vermutung nahe, daß die feuchte Pappe von alleine am Glas kleben bleibt. Für diesen zweiten Versuch muß aber auf jeden Fall erneut ein ganz trockenes Stück Pappe benutzt werden, da sonst die Pappe tatsächlich am Glas festklebt.

besondere Hinweise:

Wenn Sie ein Glas mit möglichst dünnem Rand nehmen, so wird deutlicher, daß der Luftdruck die Pappe tatsächlich hält und nicht die Pappe am Glas festklebt.

Beschreibung des Experiments:

1. Füllen Sie das Glas komplett voll Wasser und legen Sie darauf das Pappstück. Es darf keine Luft im Glas sein.
2. Nun drehen Sie das Glas ganz vorsichtig über dem Waschbecken um. Achten Sie darauf, daß Sie das Pappstück nicht verschieben.
3. Wenn das Glas ganz auf dem Kopf steht, können Sie das Pappstück loslassen - es hält von alleine !! Es sollte möglich sein, ein bißchen daran zu wackeln.

Skizze des Versuchsaufbaus:

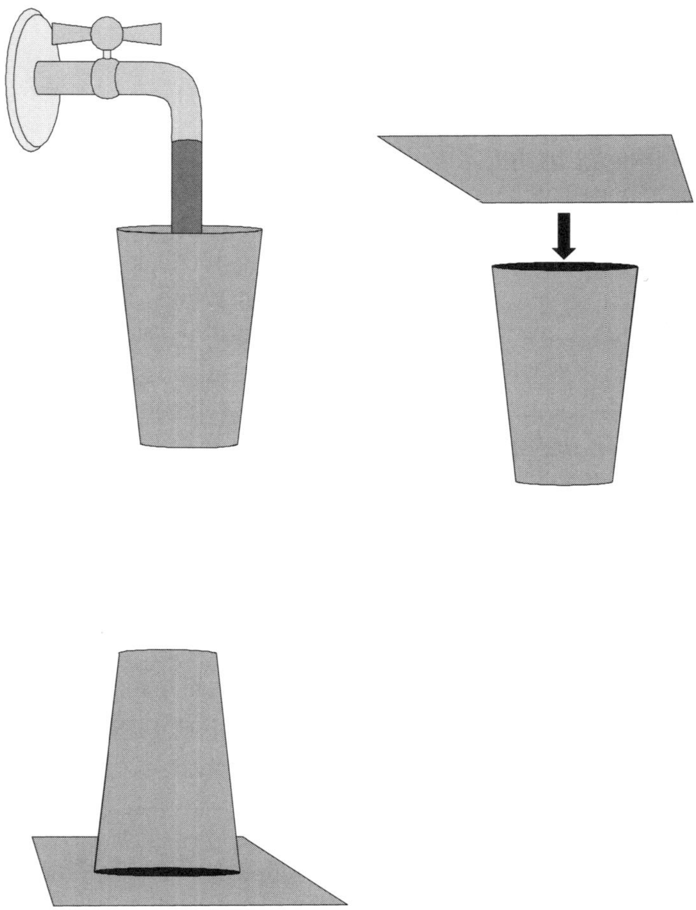

14 *Das Windrad*

geeignet für Klasse	Lehrer-/Schüler-Experiment (Gruppengröße)	Vorberei-tungszeit	Dauer des Experiments	Schwierig-keitsgrad
1 - 4	**(1-2)**	**5 min**	**10 min**	☺☺

benötigtes Material:

1 Holzstab (ca. 20 cm lang)
1 Stecknadel
1 Blatt Papier
1 Schere
1 Knopf
1 Lineal
1 Bleistift
Klebstoff

Einbindung in den Unterricht:

Der Bau eines Windrades kann zu verschiedenen Zwecken im Unterricht eingesetzt werden:

a) In den beiden **ersten Klassen** als unterstützendes Element zur Veranschaulichung von Luft und Wind.
b) In **Klasse 3**, **4** als mögliche Einführung einer Unterrichtsreihe zu alternativen Energieformen, oder als anschauliches Modell für Windräder oder Windmesser bei der Behandlung des Themas „Wetter" oder ähnlichen Sachunterrichtsthemen, bei denen Wind eine Rolle spielt.

Lernziele / didaktische Hinweise:

zu a)

Die Schüler bekommen eine Vorstellung von der für sie ansonsten unsichtbaren Luft.

zu b)

Die Schüler erhalten einen Einblick in alternative Energieformen. Beim Windrad ist gut zu erkennen, daß der Wind nicht verbraucht, aber trotzdem Arbeit geleistet wird.

besondere Hinweise:

Vorsicht ist geboten beim Durchstecken der Stecknadel durch das Zentrum des Windrades und beim Aufstecken des Windrades auf den Holzstab.

Beschreibung des Experiments:

1. Schneidet aus dem Blatt ein Quadrat mit Seitenlängen von jeweils 15 cm aus.
2. Zeichnet zwei Linien ein, die jeweils von einer Ecke des Quadrats zur gegenüberliegenden Ecke führen.
3. Schneidet das Blatt ein, und zwar: von jeder Ecke - an den Linien entlang - bis ungefähr 1,5 cm vor den Mittelpunkt (den Punkt, in dem die Linien sich kreuzen).
4. Biegt vorsichtig jeweils die linke Ecke jedes Ausschnittes zur Mitte. Faltet ein wenig nach, damit sich das Blatt gut biegt, knickt aber die Ecke nicht ganz um. Am besten ist es, wenn der eingeknickte Ausschnitt einen möglichst runden Rücken bekommt.
5. Wenn Ihr alle Ausschnitte so vorgefaltet habt, könnt Ihr damit beginnen, die Ecken richtig in der Mitte zu befestigen. Tropft dazu etwas Klebstoff auf die Ecken und drückt sie in der Mitte fest.
6. Wenn alle Ecken richtig halten, drückt Ihr die Stecknadel durch die Mitte des Blattes.
7. Schiebt hinter dem Rad den Knopf auf die Nadel.
8. Befestigt abschließend das Windrad mit der Stecknadel oben am Holzstab.

Skizze des Versuchsaufbaus:

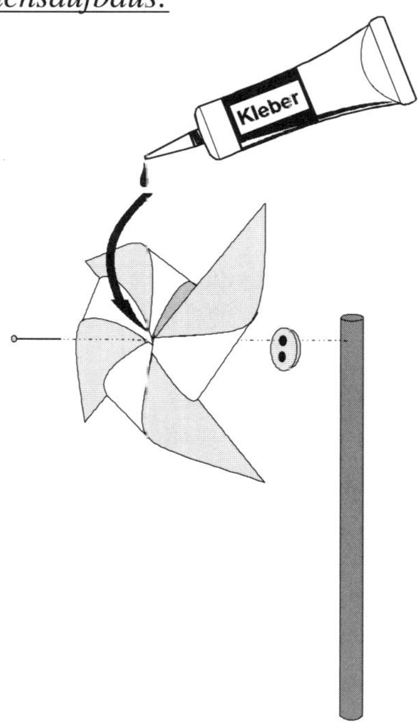

15 *Aggregatzustände*

geeignet für Klasse	Lehrer-/Schüler-Experiment (Gruppengröße)	Vorbereitungszeit	Dauer des Experiments	Schwierigkeitsgrad
3		**2 min**	**10 min**	☺

benötigtes Material:
1 Kochtopf
Heizquelle (am besten ein Herd)
Eiswürfel
1 Spiegel

Einbindung in den Unterricht:
Das Experiment eignet sich zur Einführung in das Thema „Stoffe und ihre Eigenschaften". Nach dem Experiment können Sie die Schüler weitere feste, flüssige und gasförmige Stoffe nennen lassen.
Der Versuch kann auch bei der Behandlung des Themas „Wasser" eingesetzt werden, um die verschiedenen Aggregatzustände des Wassers zu zeigen, oder auch (unter Verwendung eines Thermometers) die Extrempunkte von Wasser zu bestimmen.
Im Anschluß an das Experiment kann der Lehrer die Begriffe für die im Experiment vorkommenden Übergänge in andere Aggregatszustände (sieden, kondensieren, schmelzen, erstarren) einführen.

Lernziele / didaktische Hinweise:
Die Schüler sollen die Begriffe fest, flüssig und gasförmig kennenlernen und verschiedenen Stoffen als ihre physikalischen Eigenschaften zuordnen können.
Sie sollen die Übergänge in andere Aggregatszustände (sieden, kondensieren, schmelzen, erstarren) benennen kennen.

besondere Hinweise:
Um einen Siedeverzug zu vermeiden sind unbedingt Siedesteine in den Erlenmeyerkolben einzufüllen.

Beschreibung des Experiments:

1. Füllen Sie das Eis in den Topf und präsentieren Sie es den Schülern. Lassen Sie die Schüler das Eis auch anfassen und seine Festigkeit spüren.
2. Erhitzen Sie das Eis, bis es vollständig geschmolzen ist und lassen Sie die Schüler erneut fühlen.
3. Erhitzen Sie es weiter, bis es verdampft. Lassen Sie die Schüler beschreiben, was mit dem Wasser passiert und wie „greifbar“ es nun ist. Sie können zur Demonstration mit der Hand durch den Dampf durchschlagen (Aber Vorsicht - heiß !!).
4. Abschließend können Sie einen Spiegel über das kochende Wasser halten, um zu zeigen, daß der Dampf wieder in Wassertropfen übergeht.

Skizze des Versuchsaufbaus:

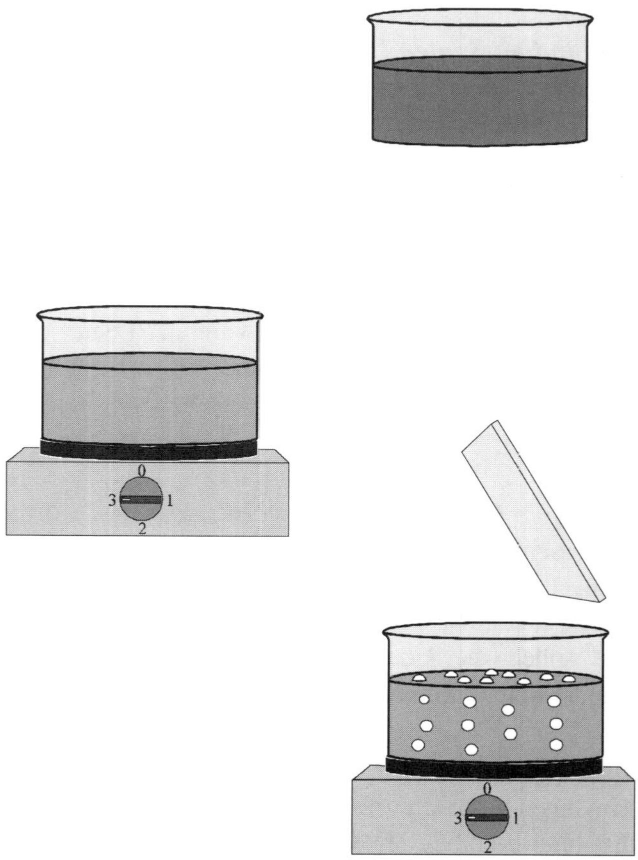

16 *Die Lochkamera*

geeignet für Klasse	Lehrer-/Schüler-Experiment (Gruppengröße)	Vorbereitungszeit	Dauer des Experiments	Schwierigkeitsgrad
4	 **(2-3)**	**5 min**	**5 min**	☺☺

benötigtes Material:
2 Papierbecher
1 etwas dickerer Nagel
durchsichtiges Papier (Folie oder Butterbrotpapier)
Klebstoff

Einbindung in den Unterricht:
Der Apparat kann im Unterricht bei der Behandlung des Themas „Licht" Verwendung finden. Der Versuch zeigt, daß Licht strahlenförmig verläuft und Objekte, die wir sehen, das Licht reflektieren. Auch bei der Behandlung des Themas „Sinnesorgan Auge" kann der Versuch nutzbringend eingesetzt werden.
Der Lehrer kann das Experiment auch in eine Projektarbeit zzum Thema „Photographie" einbinden. Der Bau der Lochkamera kann noch verfeinert werden, indem man das Loch verschließbar macht und Photopapier einlegt.

Lernziele / didaktische Hinweise:
Anhand des Versuchs können den Schülern eine Vielzahl von Aspekten verdeutlicht werden:
Die Schüler können lernen,
- wie eine Lochbildkamera funktioniert,
- daß Licht aus einzelnen Strahlen besteht,
- daß die Lichtstrahlen in fast gerader Richtung verlaufen,
- wie Gegenstände für uns sichtbar werden,
- wie das menschliche Auge funktioniert.
Einen Großteil der Ergebnisse können die Schüler selbst erarbeiten, indem sie der Fragestellung auf den Grund gehen, warum die Objektbilder, die wir sehen, auf dem Kopf stehen.

Beschreibung des Experiments:

1. Drücke mit dem Nagel ein kleines Loch in den Boden eines Bechers.
2. Klebe nun das durchsichtige Papier über das offene Ende des Bechers. Es muß ganz stramm sitzen und darf keine Wellen werfen.
3. Trenne aus dem anderen Becher den Boden heraus und plaziere ihn mit der oberen Seite auf dem Papier, genau dem anderen Becher gegenüber.
4. Verbinde die Becher nun mit dem Klebeband, so daß der ganze Apparat fest ist.
5. Halte Dir jetzt den Becher ohne Boden ans Auge und richte das Loch des anderen Bechers auf einen gut beleuchteten Gegenstand.

Skizze des Versuchsaufbaus:

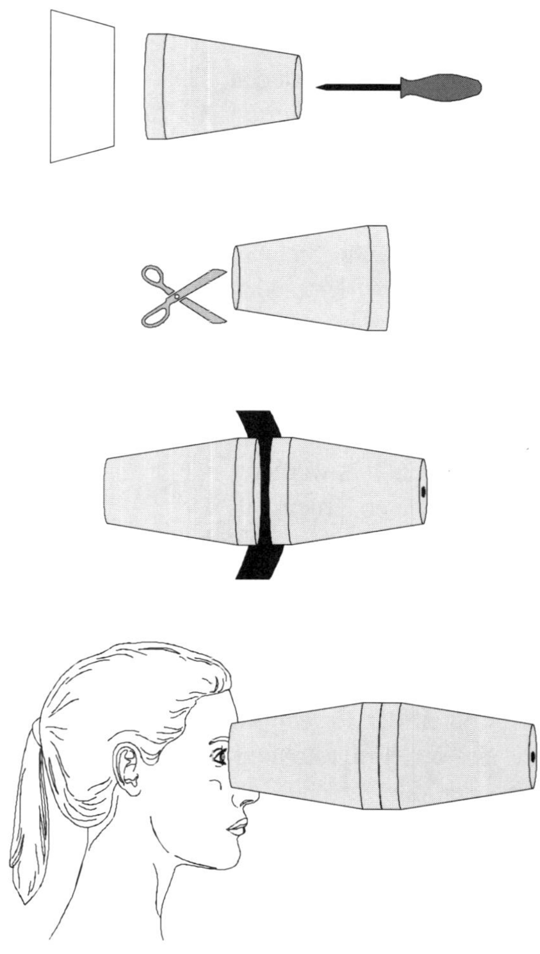

17 *Das Dampfboot*

geeignet für Klasse	Lehrer-/Schüler-Experiment (Gruppengröße)	Vorbereitungszeit	Dauer des Experiments	Schwierigkeitsgrad
3 / 4	**(2-3)**	**15 min**	**10 min**	☺☺☺

benötigtes Material:

1 Wanne oder Wäscheschüssel (mind. 80 x 50 cm)
1 Deckel einer Butterbrotdose (ca. 20x10cm) oder ähnlichen Gegenstand mit ausreichend großer Oberfläche zum schwimmen
2 Kupferdrähte 0,5 mm stark, ca. 40 cm lang
1 Kondensmilchdose (125 ml) mit nur einem Loch am Deckelrand
1 Teelicht
1 Spritze
Klebstoff
Wasser und Feuer

Einbindung in den Unterricht:

Das Experiment kann bei der Behandlung des Themas „Energie“ als motivierender Einstieg genutzt werden oder zum Thema „Wasser“ zur Veranschaulichung der Kraft des Wasserdampfes zu verdeutlichen.

Lernziele / didaktische Hinweise:

Die Schüler können aufgefordert werden, das Material für ihre Gruppe selbst zu besorgen. Wichtig ist dann, ihnen vorher zu zeigen, wie z.B. Dose und Seifenschale aussehen sollen, damit die Proportionen stimmen.
Als zusätzliche Motivation kann nach der Versuchsdurchführung ein Dampfbootrennen abgehalten werden.
Die Schüler sollen einen Einblick in die Kraft des Wasserdampfes bekommen. Des weiteren sollten sie den Zusammenhang zwischen der Wassermenge in der Dose bzw. der Größe des Loches und der Geschwindigkeit des Bootes erkennen.

besondere Hinweise:

Die Dose wird beim Erwärmen heiß. Die Schüler sollen, bevor sie die Dose aus dem Wasserbehälter nehmen, sie abkühlen lassen.

Beschreibung des Experiments:

1. Kontrolliert, ob Eure Dose wirklich leer ist und sie nur ein Loch hat.
2. Entfernt das Papier von der Blechdose, bis nichts Brennbares mehr zurückbleibt.
3. Wickelt einen Draht um den unteren und einen um den oberen Rand der Dose. Wickelt ihn einmal ganz herum und dann noch einmal halb, so daß die beiden Drahtenden in dieselbe Richtung zeigen. Sie sollten etwa gleich lang sein.
4. Knickt an allen 4 Enden ca. 1 cm im rechten Winkel um, so daß ihr die Dose auf den Deckel der Butterbrotdose stellen könnt. Achtet darauf, daß das Loch am oberen Rand der Dose ist (siehe Abb.), und daß die Dose sicher und auf allen 4 „Füßen“ steht.
5. Füllt die Dose jetzt zu etwa einem Drittel mit Wasser, indem Ihr es mit der Spritze hineindrückt.
6. Befestigt nun die Füße mit etwas Kleber auf den Deckel und schiebt das Teelicht unter die Dose - die Flamme soll nachher relativ dicht unter der Dose sein.
7. Nun könnt Ihr Euer „Dampfschiff“ auf das Wasser setzen und die Kerze anzünden - es dauert allerdings etwas, bis das Wasser kocht.

Skizze des Versuchsaufbaus:

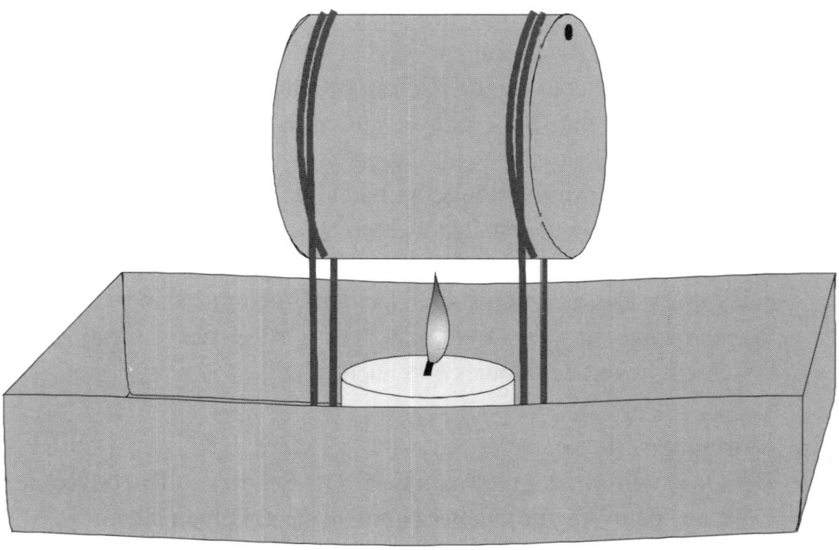

18 *Die Kraft des Eises*

geeignet für Klasse	Lehrer-/Schüler-Experiment (Gruppengröße)	Vorbereitungszeit	Dauer des Experiments	Schwierigkeitsgrad
2 - 4		**10 min**	**einige Stunden**	☺☺

<u>benötigtes Material:</u>

1 Blechdose (z.B. eine Farbdose)
1 Dosenverschluß (wenn vorhanden)
3 Bleistifte
Klebeband
Wasser
Gefriertruhe

<u>Einbindung in den Unterricht:</u>

Wird das Thema „Wasser“ im Sachunterricht behandelt, so müssen auch die Aggregatzustände thematisiert werden. Dieses Experiment eignet sich, um darzustellen, daß sich Wasser beim Übergang in den festen Zustand (also zum Eis) ausdehnt.

Bei diesem Prozeß setzt das Eis ungeheure Kräfte frei; einige Schüler werden nach diesem Experiment Beispiele nennen können, wo sie die Kraft des Eises schon einmal erlebt haben - ob es eine geplatzte Flasche im Eisfach war oder gesprengte Wasserleitungen im Winter.

<u>Lernziele / didaktische Hinweise:</u>

Die Schüler sollen lernen, daß Wasser sich ausdehnt, wenn es gefriert Des weiteren sollen sie Alltagssituationen, in denen dieser Umstand negative Auswirkungen hat, nennen können.

Der Begriff „Aggregatzustände“ soll eingeführt werden.

Die Dose muß groß genug gewählt werden, damit die erforderliche Ausdehnung der Wasserfüllung eintritt.

Beschreibung des Experiments:

1. Füllen Sie die Dose bis an den Rand mit Wasser.
2. Setzen Sie nun den Deckel auf und verschließen Sie die Dose so fest es geht. Wenn Sie noch einen Dosenverschluß haben, so setzen Sie auch diesen auf.
3. Danach legen Sie einen Bleistift auf die Dose und zwei darunter. Binden Sie die Bleistifte mit Klebeband vorne und hinten aneinander, so daß sie die Dose zusätzlich verschlossen halten.
4. Zeigen Sie den Schülern die gut verschlossene Dose nun und stellen Sie die Dose dann in eine Gefriertruhe oder in ein Eisfach.
5. Nach einigen Stunden sollte deutlich erkennbar sein, welche Kräfte beim Gefrierungsprozeß freigesetzt werden und Sie können den Schülern das Ergebnis präsentieren.

Skizze des Versuchsaufbaus:

19 *Das übervolle Glas Wasser*

geeignet für Klasse	Lehrer-/Schüler-Experiment (Gruppengröße)	Vorbereitungszeit	Dauer des Experiments	Schwierigkeitsgrad
3 / 4	**(6-8)**	**1 min**	**5 min**	☺

benötigtes Material:

1 Glas
Heftklammern (pro Schüler ca. 20-30)
Wasser
Papiertücher

Einbindung in den Unterricht:

Durch dieses Experiments kann man sich spielerisch dem Thema „Oberflächenspannung des Wassers“ nähern. Es kann den Experimenten zum Thema „Waschen“ und dem „Seifenboot“ zwischengeschaltet werden.

Lernziele / didaktische Hinweise:

Der Begriff der „Oberflächenspannung des Wassers“ soll eingeführt werden. Die Schüler sollen das Phänomen als eine Eigenschaft des Wassers begreifen.
Ansatzweise kann der Lehrer erläutern, wie die Oberflächenspannung des Wassers zustande kommt. Daß Wasser aus kleinen Teilchen besteht, die sich gegenseitig anziehen ist mindestens für Schüler der vierten Klasse begreifbar.

Beschreibung des Experiments:

1. Das Experiment kann als Spiel durchgeführt werden. Geben Sie jeweils 6 bis 8 Schülern ein Glas Wasser, welches bis knapp unter den Rand gefüllt ist. Stellen Sie das Glas sicherheitshalber auf Papiertücher.
2. Jeder Schüler bekommt einige Heftklammern.
3. Die Schüler sollen reihum eine Heftklammer nach der andern ganz vorsichtig in das Wasserglas geben. Dabei sollen sie beobachten wie sich die Wasseroberfläche krümmt.
4. Der Schüler, bei dem das Glas überläuft, hat verloren. Alternativ kann man die Schüler schätzen lassen, wieviel Heftklammern noch in das Glas hineinpassen. Der Schüler, welcher mit seiner Schätzung dem tatsächlichen Ergebnis am nächsten gekommen ist, hätte dann gewonnen.

Skizze des Versuchsaufbaus:

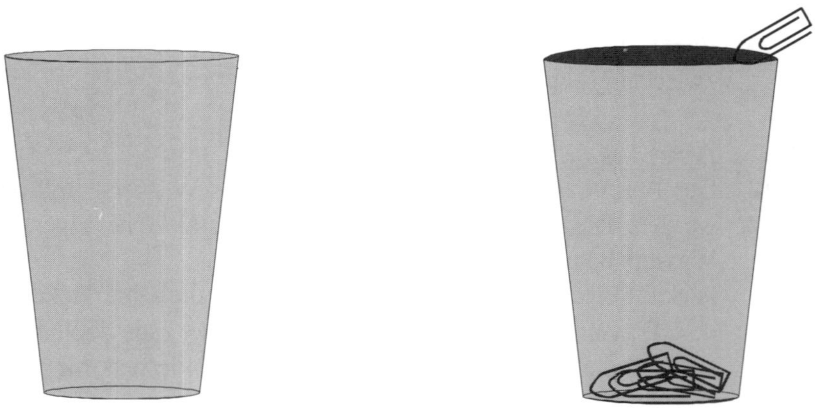

20 *Öl und Wasser*

geeignet für Klasse	Lehrer-/Schüler-Experiment (Gruppengröße)	Vorbereitungszeit	Dauer des Experiments	Schwierigkeitsgrad
3 / 4		**2 min**	**5 min**	☺

benötigtes Material:

1 durchsichtige Flasche mit Deckel oder Korken
1 kleines Glas Speiseöl
Wasser
dunkle Lebensmittelfarbe (als Kontrast zum Öl)
Milch oder Waschmittel (z.B. Seife)

Einbindung in den Unterricht:

Der Versuch zeigt, daß Öl sich nicht in Wasser löst. Nach Zugabe von Milch (die Emulgatoren enthält) allerdings findet doch eine Vermischung statt. Der Versuch kann dem Thema „Waschen“ vorgeschaltet werden. Des weiteren kann der Versuch erklären, weshalb Waschmittel benutzt werden.
Ebenso kann er im Bereich Lebensmittel eingebunden werden, um die Wirkungsweise von Emulgatoren zu beschreiben.
Die Eigenschaft des Wassers, sich mit Fetten oder Ölen nicht zu vermischen, wird durch dieses Experiment verdeutlicht.

Lernziele / didaktische Hinweise:

Je nach Unterrichtsthematik kann die Milchzugabe durch Waschmittelzugabe (zum Themengebiet „Waschen“) ersetzt werden.
Die Schüler sollen lernen, daß Öle sich nicht ohne weiteres in Wasser lösen. Desweiteren sollen sie begreifen, daß es Stoffe gibt, die man Emulgatoren nennt und die eine Vermischung von Öl und Wasser bewirken.
Diese Lerninhalte sollen sie auf ihr Alltagsleben zurückführen und Beispiele benennen können (z. B. verunreinigte Gewässer).

besondere Hinweise:

Bei der Waschmittelzugabe kann es überschäumen.

Beschreibung des Experiments:

1. Füllen Sie zuerst das Glas Speiseöl in die Flasche.
2. Spülen Sie das Glas gut aus und füllen Sie es mit Wasser.
3. Färben Sie das Wasser mit der Lebensmittelfarbe an und geben Sie es in die Flasche.
4. Demonstrieren Sie den Schülern, daß die beiden Flüssigkeiten zwei unterschiedliche Phasen bilden - eine aus Öl und eine aus dem angefärbten Wasser.
5. Verschließen Sie die Flasche und schütteln Sie kräftig.
6. Lassen Sie die Schüler beschreiben, was sie direkt nach dem Schütteln beobachten und was passiert, wenn die Flasche wieder einige Zeit in Ruhe gestanden hat.
7. In einem letzten Schritt können Sie Milch oder Waschmittel hinzugeben und ein wenig schütteln.

Skizze des Versuchsaufbaus:

21 *Schmelz- und Siedepunkte*

geeignet für Klasse	Lehrer-/Schüler-Experiment (Gruppengröße)	Vorbereitungszeit	Dauer des Experiments	Schwierigkeitsgrad
3 / 4	 **(2-3)**	**10 min**	**10 min**	☺☺

benötigtes Material:

1 Becher mit sehr kaltem zerstoßenem Eis oder Eiswürfeln
1 Reagenzglas
1 Becherglas
1 Dreibein (mit Asbestmatte)
2 gehäufte Eßlöffel Salz
2 Thermometer
1 Bunsenbrenner oder ähnliches

Themenbereich und Einbindung in den Unterricht:

Bei der Behandlung des Themas Wasser im Sachunterricht bietet es sich an, bekannte Werte wie Schmelz- und Siedepunkte selbst oder von den Schülern im Experiment bestimmen zu lassen. Im Zusammenhang mit den Experimenten können die Themen „Eichung“ und die „Entstehungsgeschichte der Celsiusskala“ im Unterricht behandelt werden.

Lernziele / didaktische Hinweise:

Die Schüler sollen den Unterschied zwischen den Siedepunkten von reinen und verunreinigten Flüssigkeiten verstehen und nachvollziehen können.
Die Standardwerte von 0°C und 100°C für Schmelz- und Siedepunkt des Wassers sollen vom Lehrer genannt und vom Schüler gelernt werden.
Die genauen Werte von 0° C und 100°C wird man aufgrund des Außendrucks und der wahrscheinlich leichten Verunreinigung des Wassers nicht erhalten.

besondere Hinweise:

Beim Schülerexperiment sollten Sie darauf achten, daß sich die Schüler am heißen Wasser oder Wasserdampf nicht verbrühen.
Um einen Siedeverzug zu vermeiden sind unbedingt Siedesteine in den Erlenmeyerkolben einzufüllen.

Beschreibung des Experiments:

1. Füllen Sie das Reagenzglas zu etwa einem Viertel mit Wasser.
2. Stecken Sie ein Thermometer in das Reagenzglas und drücken die das Reagenzglas vorsichtig in den Becher mit Eis.
3. Beobachten Sie das Wasser im Reagenzglas so lange, bis sich eine dünne Eisschicht bildet.
4. In der Zeit können Sie bereits das Becherglas (ebenfalls zu etwa einem Viertel) mit Wasser füllen, auf das Dreibein stellen und das zweite Thermometer hineinstellen.
5. Nehmen Sie das erste Thermometer heraus und lesen Sie die Temperatur ab.
6. Stellen Sie den Bunsenbrenner unter das Dreibein und beginnen Sie mit dem Erhitzen. Wenn das Wasser kocht, lesen Sie die Temperatur ab (Vorsicht beim Herausnehmen des Thermometers! Tragen Sie besser einen Handschuh.).
7. Schalten Sie kurz den Bunsenbrenner aus und lassen Sie das Wasser etwas abkühlen.
8. Stellen Sie dann das Thermometer wieder hinein und geben Sie das Salz hinzu (umrühren !). Beginnen Sie wieder mit dem Erhitzen.
9. Wenn das Wasser zu kochen beginnt, lesen Sie erneut die Temperatur ab.

Skizze des Versuchsaufbaus:

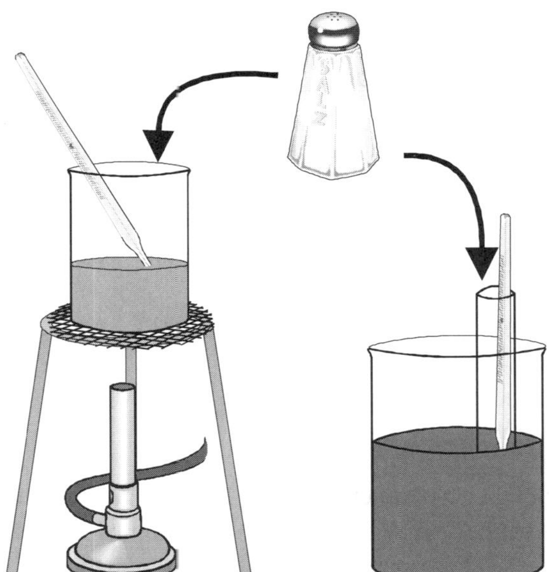

22 *Die schwimmende Büroklammer*

geeignet für Klasse	Lehrer-/Schüler-Experiment (Gruppengröße)	Vorbereitungszeit	Dauer des Experiments	Schwierigkeitsgrad
3 / 4		**2 min**	**2 min**	☺☺

benötigtes Material:

1 Büroklammer
1 Schale
1 Stück Pappe oder Papier
1 Gabel
Wasser

Einbindung in den Unterricht:

Dieses Experiment eignet sich, um bei der Behandlung des Themas „Wasser“ dessen Eigenschaft der Oberflächenspannung einzuführen. Der Lehrer kann die Schüler nach dem Experiment veranlassen, ähnliche Erfahrungen mit diesem Phänomen aus dem Alltag wiederzugeben.

Lernziele / didaktische Hinweise:

Der Begriff der „Oberflächenspannung des Wassers“ soll eingeführt werden. Die Schüler sollen das Phänomen als eine Eigenschaft des Wassers begreifen.
Ansatzweise kann der Lehrer erläutern, wie die Oberflächenspannung des Wassers zustande kommt. Zumindest für Schüler der vierten Klasse ist begreifbar, daß Wasser aus kleinen Teilchen besteht, die sich gegenseitig anziehen.

Beschreibung des Experiments:

1. Füllen Sie die Schüssel mit Wasser.
2. Lassen Sie die Büroklammer jetzt vorsichtig mit Hilfe von Papier oder Pappe ins Wasser gleiten, um den Schülern zu demonstrieren, daß sie sinkt.
3. Nehmen Sie die Klammer wieder aus dem Wasser und trocknen sie ab.
4. Legen Sie die Klammer auf das Stück Küchenrolle und lassen Sie beides zusammen vorsichtig mit einer Gabel ins Wasser.
5. Dann müssen Sie nur noch warten, bis sich das Papier mit Wasservollgesogen hat und untergeht - die Büroklammer schwimmt nun auf dem Wasser.

Skizze des Versuchsaufbaus:

1.

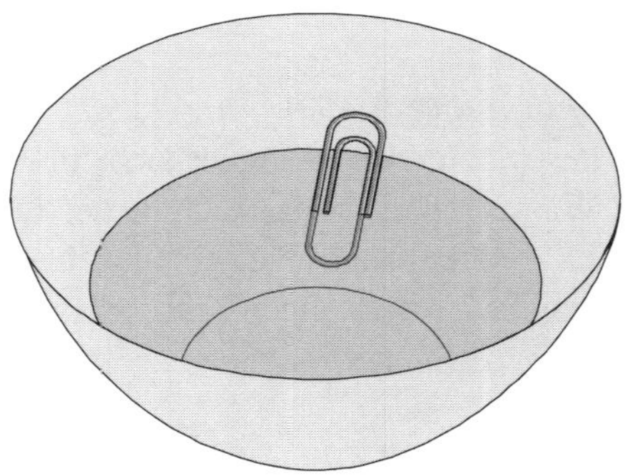

2.

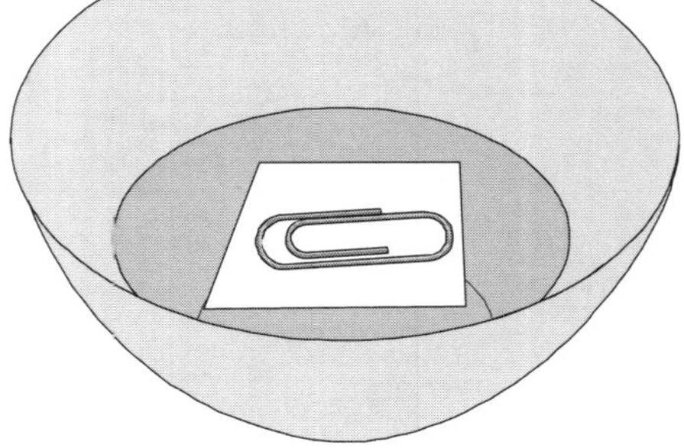

23 *Das schwimmende Ei*

geeignet für Klasse	Lehrer-/Schüler-Experiment (Gruppengröße)	Vorbereitungszeit	Dauer des Experiments	Schwierigkeitsgrad
1 - 4		**5 min**	**5 min**	☺

benötigtes Material:
2 rohe Eier
2 gleichgroße Gläser
1 gehäuften Eßlöffel Salz
Wasser

Einbindung in den Unterricht:
a) Das Experiment kann bereits in den **ersten beiden Klassen** angewendet werden, um zu verdeutlichen, daß es leicher ist, in Salzwasser zu schwimmen, als in reinem Wasser. Es könnte als Folgeexperiment eingesetzt werden zu einer Unterrichtsstunde, in der man mit den Schülern ausprobiert hat, welche Gegenstände schwimmen und welche nicht.
b) In der **dritten oder vierten Klasse** können die weiterführenden Aspekte dieses Experiments besprochen werden.
Das Experiment kann bei der Untersuchung von Eigenschaften verschiedener Flüssigkeiten Verwendung finden.

Lernziele / didaktische Hinweise:
zu a) Der Schüler kann feststellen, daß die Fähigkeit zu schwimmen nicht nur von den Gegenständen selbst abhängt sondern auch von der jeweiligen Flüssigkeit.
zu b) Die Begriffe „Auftrieb“ und „Dichte“ können eingeführt werden. Ebenso erhalten die Schüler einen Einblick in die Funktionsweise eines Hydrometers.
Der Zusammenhang von Dichte und Auftrieb kann verdeutlicht werden, wenn während des Experiments zusätzlich Salz zugegeben wird.

besondere Hinweise:
Die Wassermenge sollte so bemessen sein, daß das Glas nicht überläuft, wenn das Ei eingetaucht wird.

Beschreibung des Experiments:

1. Füllen Sie die Gläser mit gleich viel Wasser.
2. Rühren Sie das Salz in einem Glas unter.
3. Legen Sie ein Ei in jedes Glas; das Ei im Salzwasser schwimmt, das Ei im reinen Wasser geht unter.
4. Tauschen Sie jetzt die Eier aus, um den Schülern zu demonstrieren, daß beide Eier gleichschwer sind. Nun schwimmt das eine Ei im Salzwasser, während das Ei, welches zuvor im Salzwasser war, im reinen Wasser absinkt.

Skizze des Versuchsaufbaus:

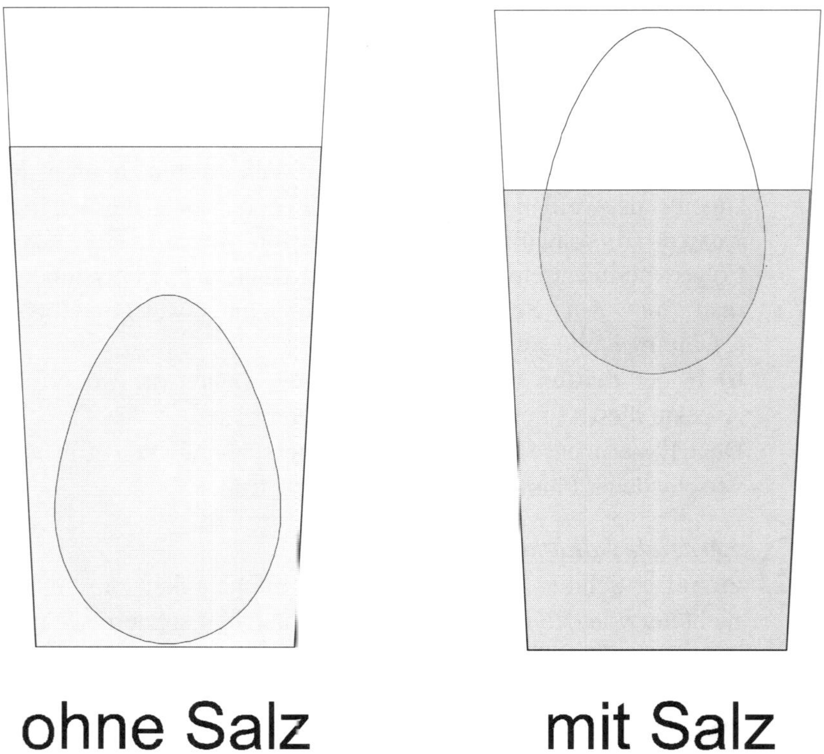

24 *Das Seifenboot*

geeignet für Klasse	Lehrer-/Schüler-Experiment (Gruppengröße)	Vorbereitungszeit	Dauer des Experiments	Schwierigkeitsgrad
3 / 4	 **(2-3)**	**5 min**	**2 min**	☺

benötigtes Material:
1 Wanne oder ähnliches Behältnis mit Wasser
1 Stück dicke Pappe
etwas Waschmittel
1 Schere

Einbindung in den Unterricht:
Das Experiment kann im Themenbereich „Wasser" eingesetzt werden. Es zeigt, was passiert, wenn die Oberflächenspannung des Wassers durch die Einlagerung von Seifenteilchen zerstört wird. Es erscheint sinnvoll, zuvor ein anderes Experiment durchzuführen, das die Oberflächenspannung des Wassers demonstriert.
Das Experiment eignet sich auch in Verbindung mit dem Thema „Wasser und Waschen", wenn es um die Löslichkeit von lipophilen Stoffen geht, z. B. von Fett beim Geschirrspülen oder beim Auswaschen von Ölflecken in der Kleidung.
In erster Linie ist dem Experiment ein hoher Unterhaltungswert zuzuordnen, und es eignet sich somit zur Auflockerung des Unterrichts.

Lernziele / didaktische Hinweise:
In erster Linie soll der Schüler erkennen, daß Waschmittel die Oberflächenspannung des Wassers zerstören.

besondere Hinweise:
Wenn das Experiment mehrfach durchgeführt werden soll, muß immer frisches Wasser genommen werden und das Behältnis von Seifenrückständen gereinigt werden, da das Experiment sonst nicht funktioniert.

Beschreibung des Experiments:

1. Zuerst schneidet Ihr aus dem Pappstück ein Boot aus (Maße 2,5x5cm). Es sollte vorne spitz zulaufen, damit es besser fahren kann.
2. Dann schneidet Ihr für den Antrieb einen kleinen Schlitz am Heck des Schiffes ein.
3. Nun könnt Ihr Euer Boot zu Wasser lassen und etwas Waschmittel in den Schlitz geben.

Skizze des Versuchsaufbaus:

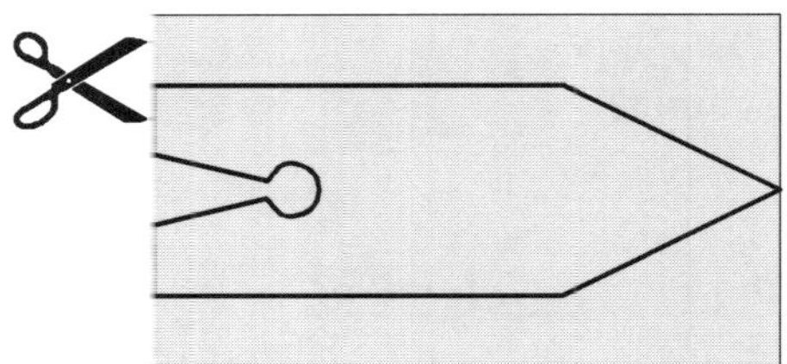

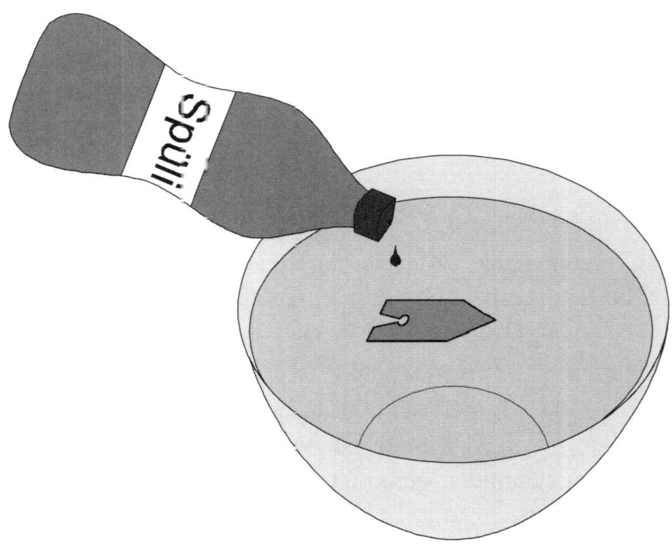

25 *Tücher waschen*

geeignet für Klasse	Lehrer-/Schüler-Experiment (Gruppengröße)	Vorbereitungszeit	Dauer des Experiments	Schwierigkeitsgrad
3 / 4	 **(2-3)**	**5 min**	**10 min**	☺

benötigtes Material:

3 Tücher, die mit Öl, Dreck oder Fett verschmutzt sind
3 Schüsseln
Waschmittel
Wasser

Einbindung in den Unterricht:

Das Experiment eignet sich für die Verbindung des Themas "Wasser" mit dem Thema "Waschen". Hier geht es um die Löslichkeit von lipophilen Stoffen in Wasser, auch in Abhängigkeit von der Temperatur. Der Versuch eignet sich ebenso für das Themengebiet „Körperpflege und Kleidung“. Anschließend an dieses Experiment können weitere Versuche zum Thema Löslichkeit und Oberflächenspannung des Wassers durchgeführt werden.

Lernziele / didaktische Hinweise:

Die Schüler sollen dieses Experiment mit Alltagssituationen verbinden können, wie spülen mit kaltem Wasser, Wäsche oder Hände waschen.
Der Begriff „Löslichkeit“ soll vom Lehrer angesprochen, vom Schüler begriffen und erlernt werden.
Die Schüler sollen in der Lage sein, die Löslichkeit von ‘Schmutz’ in kaltem und warmem Wasser zu vergleichen und zu bewerten sowie die Rolle von Seife oder Waschmittel im Waschprozeß zu verstehen.

besondere Hinweise:

Wichtig ist die Temperierung des warmen Wassers - es sollte heiß genug sein, um deutliche Unterschiede zum Waschen in kaltem Wasser zu erreichen, aber natürlich auch nicht so heiß, daß die Schüler Verbrennungen davontragen.

Beschreibung des Experiments:

1. Füllt zu Beginn die drei Schüsseln mit Wasser. In die erste kommt kaltes Wasser, in die zweite und in die dritte warmes Wasser und Waschmittel.
2. Jetzt könnt Ihr Euch aufteilen. Einer wäscht sein Tuch in der ersten Schüssel, der zweite in der zweiten und ein dritter wäscht sein Tuch in der letzten Schüssel.
3. Versucht nun alle, etwa 2 min lang, Euer Tuch so sauber wie möglich zu bekommen.
4. Vergleicht abschließend die Tücher und den Aufwand, den Ihr beim Waschen hattet.

Skizze des Versuchsaufbaus:

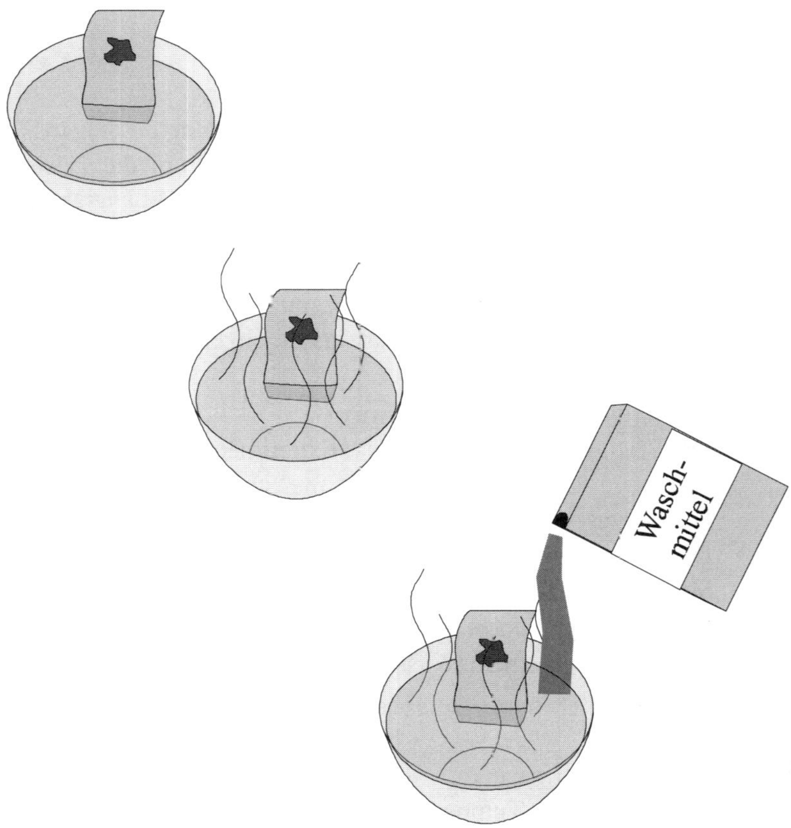

26 *Ein Versuch zum Echo*

geeignet für Klasse	Lehrer-/Schüler-Experiment (Gruppengröße)	Vorbereitungszeit	Dauer des Experiments	Schwierigkeitsgrad
2 - 4	**(3-5)**	**2 min**	**5 min**	☺

benötigtes Material:

1 Einweckglas
1 Eieruhr
1 Glasplatte
Watte

Einbindung in den Unterricht:

Der Versuch kann bei der Behandlung des Themas "Schall" eingesetzt werden. Es ist hilfreich, wenn die Schüler zuvor schon etwas über die Art der Verbreitung des Schalls gehört haben. Es erscheint sinnvoll, eine Unterrichtsstunde über Schallwellen vorzuschieben.
Im Anschluß an das Experiment können die Schüler weitere Situationen nennen, bei denen sie ein Echo gehört haben (im Bergurlaub, im Tunnel, usw.). Daher paßt das Experiment auch in den Themenbereich natürliche und gestaltete Umwelt.

Lernziele / didaktische Hinweise:

Die Schüler sollen verstehen, was ein Echo ist und wie es zustande kommt.
Sie sollen weiterhin lernen, daß dicke Mauern sowie glatte, feste Flächen wenig schalldurchlässig sind, und daß der Schall, der auf sie trifft, zurückgeworfen wird.
Darauf aufbauend sollten sie Alltagserfahrungen mit dem Echo nennen, und erklären können und wie sie zustande kommen.

Beschreibung des Experiments:

1. Legt zuerst die Watte, dann die Eieruhr in das Einweckglas.
2. Haltet Euer Ohr seitlich über das Glas. Achtet darauf, aus welcher Richtung Ihr die Uhr ticken hört.
3. Haltet nun die Glasplatte schräg über die Öffnung. Wo hört Ihr jetzt das Ticken?

Skizze des Versuchsaufbaus:

27 *Das Schnurtelefon*

geeignet für Klasse	Lehrer-/Schüler-Experiment (Gruppengröße)	Vorbereitungszeit	Dauer des Experiments	Schwierigkeitsgrad
2 - 4	**(2)**	**15 min**	**10 min**	☺

benötigtes Material:

2 Konservendosen (oder Joghurtbecher)
2 Streichhölzer
ca. 3 m reißfeste, dünne Schnur
1 Dorn (z.B. Spitzbohrer, Picker)
1 Kerze

Einbindung in den Unterricht:

Der Schnurtelefon-Versuch kann bei der Behandlung der Themen „Schall“ oder „Sinnesorgane“ durchgeführt werden. In Klasse 3 oder 4 kann nach diesem Versuch angesprochen werden, wie sich Schall ausbreitet. Weitere Experimente können sich anschließen.

Lernziele / didaktische Hinweise:

Die Schüler sollen lernen, daß Töne durch eine straff gespannte Schnur weitergeleitet werden können. Je nach Stand der Klasse kann erwähnt werden, daß sich der Schall in Wellen verbreitet, welche auch durch die Kordel übertragen werden können.
Es ist darauf zu achten, daß bei der Durchführung des Versuches im Klassenraum kein zu hoher Lärmpegel entsteht, so daß auch leise gesprochene Botschaften vom Empfänger verstanden werden können.

besondere Hinweise:

Die Schüler müssen sorgsam mit dem Schnurtelefon umgehen, da durch zu starken Zug die Streichhölzer brechen können.

Beschreibung des Experiments:

1. Bohrt in die Mitte des Bodens der Dosen ein Loch.
2. Reibt die Schnur mit dem Kerzenwachs ein, indem Ihr sie seitlich an der Kerze vorbeizieht.
3. Zieht die eingewachste Schnur durch die Löcher in den Dosen, so daß die Enden der Schnur innerhalb der Dosen liegen.
4. Knotet an beide Enden der Schnur ein Streichholz. Es erleichtert Euch die Arbeit, wenn Ihr dazu die Schnur ein Stück aus der Dose herauszieht.
5. Nun nimmt sich jeder von Euch eine Dose. Entfernt Euch so weit voneinander, daß die Schnur straff gespannt ist.
6. Einer von Euch spricht in den Becher, der andere hört, danach umgekehrt (siehe Abbildung). Versucht auch, ganz leise zu sprechen. So könnt ihr mit Eurem selbstgemachten Telefon telefonieren.

Skizze des Versuchsaufbaus:

2x

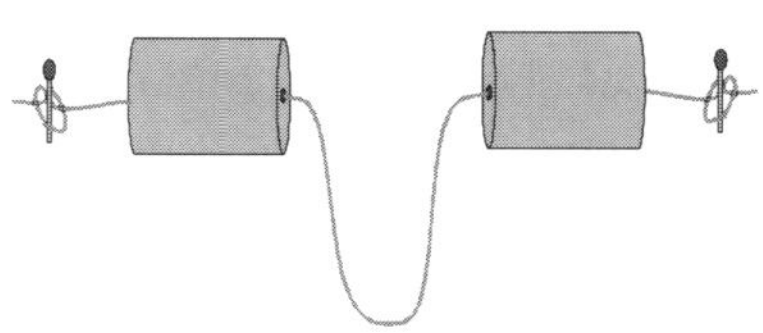

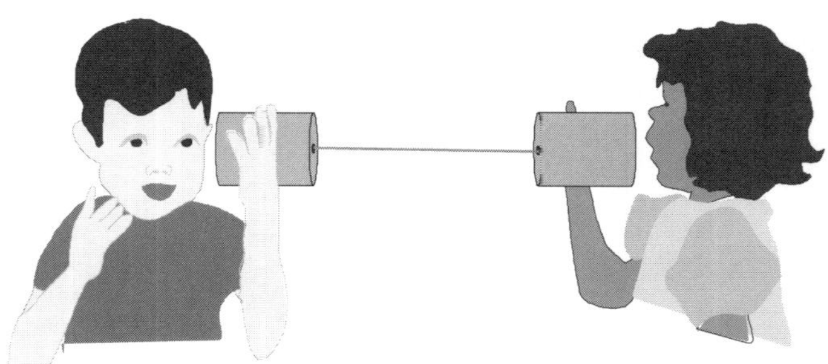

28 *Die Bakterien in der Milch*

geeignet für Klasse	Lehrer-/Schüler-Experiment (Gruppengröße)	Vorbereitungszeit	Dauer des Experiments	Schwierigkeitsgrad
2 - 4	**(1-3)**	**2 min**	**mehrere Tage**	☺

benötigtes Material:

2 Gefäße (gut geeignet sind Gläschen für Babynahrung)
1 Meßgefäß
frische Milch

Einbindung in den Unterricht:

Im Themenbereich „Ernährung" kann auf das Vorhandensein und die Nützlichkeit der Bakterien in bestimmten Lebensmitteln (Joghurt, Sauerkraut) und im Körper (Darmbakterien) eingegangen werden. Dieser Versuch demonstriert, daß in Milch Bakterien enthalten sind, welche bewirken, daß die Milch nicht unbegrenzt haltbar ist. Er kann als Einführung in das Thema „Bakterien" verwendet werden.
Nach dem Versuch können verschiedene Aspekte rund um die Milch, aber auch um andere Lebensmittel besprochen werden, wie z.B., daß die Pasteurisierung von Milch die Abtötung der in der Milch enthaltenen Bakterien bewirkt; sie dient der Haltbarmachung.

Lernziele / didaktische Hinweise:

Die Schüler sollen lernen, daß Bakterien kleine Lebewesen sind, die Lebensmittel und Lebewesen besiedeln.
Die Schüler sollen verstehen, daß die meisten Bakterien schädlich sein können, da sie Lebensmittel verderben, und daß Bakterien in warmem, dunklem Milieu am besten überleben, wachsen und sich dort am besten vermehren können.
Ebenso sollen die Schüler lernen, daß die Lagerung von Lebensmitteln im Kühlschrank das Bakterienwachstum hemmt, so daß die Nahrung nicht so schnell verdirbt, allerdings auch dort nicht unbegrenzt haltbar ist.

Beschreibung des Experiments:

1. Fülle in beide Gefäße die gleiche Menge Milch. Die Gefäße sollten fast vollgefüllt sein.
2. Decke die Gefäße dicht ab.
3. Stelle ein Gefäß in den Kühlschrank und das andere an einen warmen Platz.
4. Beobachte die Gefäße jeden Tag. Welche Unterschiede stellst du fest?

Skizze des Versuchsaufbaus:

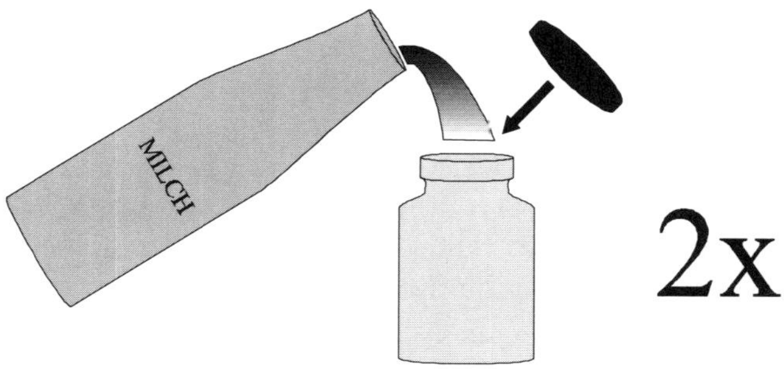

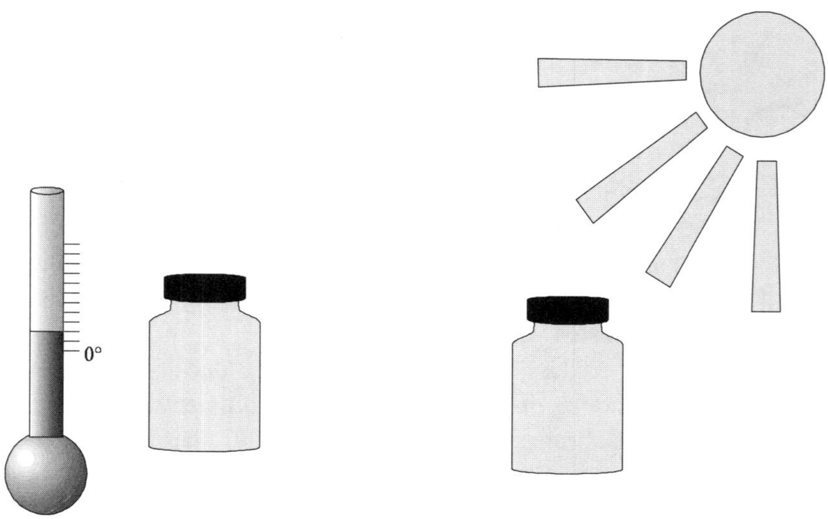

Veränderungen der Milch in den Gläsern

	Gefäß 1	Gefäß 2
1.Tag		
2.Tag		
3.Tag		
4.Tag		

29 *Der Herzschlag*

geeignet für Klasse	Lehrer-/Schüler-Experiment (Gruppengröße)	Vorbereitungszeit	Dauer des Experiments	Schwierigkeitsgrad
1 - 4	 **(2)**	**5 min**	**5 min**	☺☺

benötigtes Material:

etwas Knetmasse
1 Streichholz
1 Uhr
1 Tisch

Einbindung in den Unterricht:

Das Experiment verdeutlicht den Puls- bzw. den Herzschlag. Der Vorteil des Experiments gegenüber der normalen Methode den Puls zu messen ist, daß der Pulsschlag sichtbar wird. Einsetzbar ist dieses Experiment bei der Behandlung der Themen „Herz“ oder „Blutkreislauf“ im Rahmen einer Unterichtsreihe zum Thema „Mensch“. Auch in anderen Themenbereichen, in denen der Pulsschlag angesprochen wird, wie vielleicht bei „Streß“, „Angst“ oder im Bereich „Sport“ ist die Verwendung dieses anschaulichen Experiments denkbar.

Lernziele / didaktische Hinweise:

Es soll für den Schüler erkenntlich und nachvollziehbar werden, daß Blut durch unsere Adern *fließt*, angetrieben von einem unterschiedlich schnell pumpenden Herz. Weiterführende Aspekte, wie ein erhöhter Blutdruck und ein schneller Puls, aufgrund eines größeren Sauerstoffbedarfs bei körperlicher Anstrengung oder der Verlauf des Blutkreislaufes sollten je nach Altersstufe auch im Unterricht angesprochen und vom Schüler, wenigstens im Ansatz, verstanden werden.

Das Verhältnis des Pulsschlags zum körperlichen Befinden (z.B. Beschleunigung des Pulsschlags bei Anstrengung) sollten die Schüler auf jeden Fall begreifen. Hierzu sollte der Lehrer das Experiment in unterschiedlichen Situationen durchführen (Pulsmessung in Ruhe, unmittelbar nach körperlicher Anstrengung, usw.).

Beschreibung des Experiments:

1. Lege eine Hand auf die Tischplatte, so daß die Handinnenseite nach oben zeigt.
2. Befestige ein etwa daumengroßes Stück Knetmasse auf Deinem Handgelenk, und zwar ca. 1 cm unter der Handwurzel auf der Seite, auf der Dein Daumen ist (siehe Zeichnung).
3. Stecke ein Streichholz in die Knetmasse.
4. Beobachte das Streichholz; wenn es sich noch nicht bewegt, mußt Du die Knetmasse noch ein bißchen verschieben, bis Du die richtige Stelle gefunden hast.
5. Zähle, wie oft das Streichholz sich pro Minute hin- und herbewegt - dies ist die Anzahl Deiner Herzschläge pro Minute. Laßt Deinen Nachbar dabei die Zeit messen.

Skizze des Versuchsaufbaus:

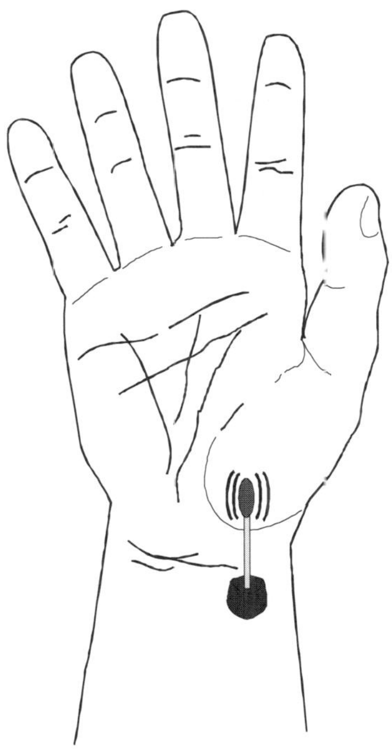

Zeit	Pulsschläge in Ruhe	nach Anstrengung
15 sec		
30 sec		
45sec		
60 sec		

30 *Fettgehalt testen*

geeignet für Klasse	Lehrer-/Schüler-Experiment (Gruppengröße)	Vorbereitungszeit	Dauer des Experiments	Schwierigkeitsgrad
2 - 4	 **(2-4)**	**5 min**	**1 Tag**	☺☺

<u>benötigtes Material:</u>
mehrere Blätter Löschpapier
1 Stift
1 Messer
verschiedene Lebensmittel, z.B.:

- Milch	- Wasser	- Apfel	- Salami
- Saft	- Brot	- Kartoffel	- geriebene Nüsse
- Margarine	- Butter	- Käse	- Speiseöl
- Melone	- Kopfsalat	- Brat- / Bockwurst	

<u>Einbindung in den Unterricht:</u>
Der Einsatz dieses Versuchs bietet sich im Themengebiet „Ernährung“ an. Es sollte zuvor im Unterricht besprochen werden, daß Lebensmittel Fett in unterschiedlichster Konzentration enthalten. Vor oder nach dem Versuch kann der Nutzen des Fettkonsums für den Körper und die Gefahr des übermäßigen Fettkonsums behandelt werden. Im Anschluß an dieses Experiment kann der Lehrer die Klasse auffordern, sich besonders fettarme (Salat, Gemüse und Wasser) und besonders fettreiche (Pizza Salami mit doppelt Käse) Mahlzeiten gedanklich zusammenzustellen.

<u>Lernziele / didaktische Hinweise:</u>
Der Lehrer sollte unterschiedlichen Gruppen verschiedene Lebensmittel zum Testen geben, damit möglichst viel ausgetestet werden kann, am besten jedes Testobjekt an jeweils 2 Gruppen austeilen. Die Schüler können auch selbst Lebensmittel mitbringen und testen.
Die Schüler sollen lernen, welche Lebensmittel besonders viel, etwas, wenig oder gar kein Fett enthalten und eine Tabelle anlegen können, in der sie den Fettgehalt der jeweils getesteten Lebensmitteln festhalten.

Beschreibung des Experiments:

1. Bereitet Eure Lebensmittel vor: Feste Nahrungsmittel wie Apfel, Wurst, Gemüse schneidet Ihr an.
2. Testet der Reihe nach die verschiedenen Lebensmittel. Bei Flüssigkeiten reicht ein großer Tropfen. Feste Nahrungsmittel, die nicht sofort etwas hinterlassen, müßt Ihr ein wenig auf dem Löschpapier reiben. Schreibt nach jedem Test sofort über den Fleck den Namen des Testobjektes. .
3. Wenn Ihr alle Lebensmittel getestet habt, laßt die Löschblätter einige Stunden, am besten einen ganzen Tag trocknen.
4. Wenn die Flecken getrocknet sind, könnt Ihr die Löschblätter gegen das Licht halten. Die Stellen, wo Lebensmittel einen Fettfleck hinterlassen haben, lassen mehr Licht durch. Je stärker der Fettfleck, desto mehr Licht scheint hindurch.
5. Tragt nun in Eure Tabelle ein, welche Lebensmittel wieviel Fett enthalten. Nehmt auch die Lebensmittel, die von anderen Gruppen getestet wurden in Eure Tabelle auf, damit Ihr eine möglichst vollständige Übersicht habt.

Skizze des Versuchsaufbaus:

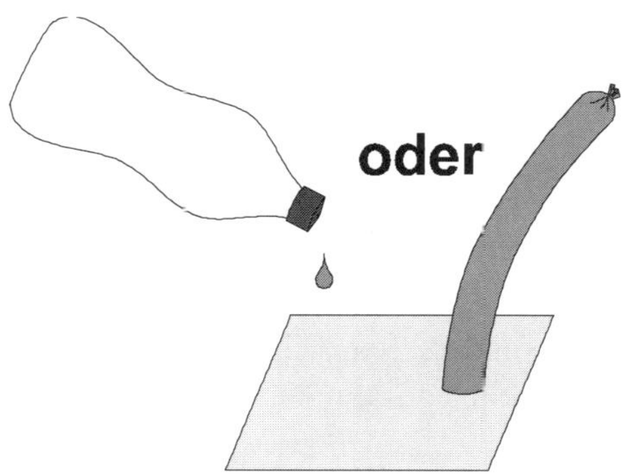

Fettgehalt - Test

getestetes Lebensmittel	viel Fett	etwas Fett	wenig Fett	kein Fett

31 *Der unbeugsame Strohhalm*

geeignet für Klasse	Lehrer-/Schüler-Experiment (Gruppengröße)	Vorbereitungszeit	Dauer des Experiments	Schwierigkeitsgrad
2 - 4	 **(2-3)**	**2 min**	**2 min**	☺

benötigtes Material:
1 rohe Kartoffel
2 Plastiktrinkhalme

Einbindung in den Unterricht:
In erster Linie zeigt das Experiment, daß Luft zwar unsichtbar, aber trotzdem *da* ist.
Das Experiment eignet sich jedoch auch als weiterführender Versuch im Themenbereich „Luft“ oder als Einführungsbeispiel für das Vorhandensein und die Stärke von Luft. Die Zerstörungskraft von Luft können die Schüler an Beispielen aus ihrem Alltagsleben beschreiben (z.B.: Sturm reißt Bäume oder Gebäude um).

Lernziele / didaktische Hinweise:
Die Schüler sollen erkennen, daß Luft überall ist, z.B. auch in einem Strohhalm. Weiterhin soll gelernt werden, daß Luft sich schwer zusammenpressen läßt und daher, wenn sie nicht entweichen kann, eine große Kraft entwickelt.

Beschreibung des Experiments:

1. Legt die Kartoffel auf einen Tisch.
2. Nehmt einen Strohhalm ganz normal in die Hand, so daß die Öffnungen frei bleiben und versucht ihn in die Kartoffel zu drücken - er wird einknicken.
3. Nehmt den zweiten Strohhalm und verschließt die obere Öffnung, wie in der Zeichnung, mit dem Daumen. Versucht erneut ihn in die Kartoffel zu drücken. Was stellt Ihr fest ?

Skizze des Versuchsaufbaus:

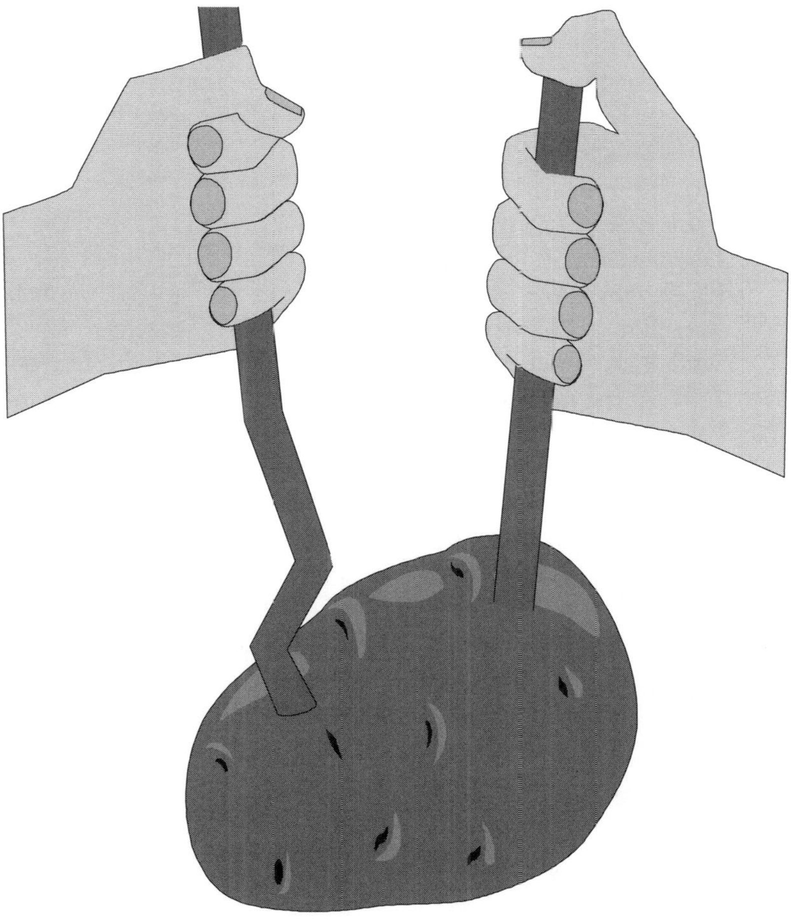

32 *Zieht Euch warm an !*

geeignet für Klasse	Lehrer-/Schüler-Experiment (Gruppengröße)	Vorbereitungszeit	Dauer des Experiments	Schwierigkeitsgrad
1 - 4	 **(3-4)**	**20 min**	**45 min**	☺☺

benötigtes Material:

3 gleichgroße Dosen mit Deckel
2 Wollschals
4 Blätter dickes Papier
Klebeband
Wasser
1 Thermometer
1 kleinere Dose mit Deckel
1 Stück T-Shirtstoff
Schere, Stifte, Kleber oder
1 Teekessel
Wärmequelle

Einbindung in den Unterricht:

Das Experiment ist vielseitig im Sachunterricht einsetzbar. Es kann als einzelne Unterrichtsstunde im Winter thematisiert werden, um den Schülern den Sinn von warmer Kleidung aufzuzeigen. Des weiteren wird klar, welche Kleidung am besten warm hält. Ebenso ist das Experiment im Zusammenhang mit der Körperwärme beim Thema „Mensch“ verwendbar oder in einer Unterrichtsreihe zum Thema „Kleidung“.

Lernziele / didaktische Hinweise:

Die Schüler sollen lernen, daß Kleidung ein Auskühlen des Körpers verlangsamt. Darüber hinaus sollen sie verstehen, daß unterschiedliche Stoffarten unterschiedlich gut warmhalten. Sie sollen den Zusammenhang zwischen der Dose und dem Menschen verstehen und darüber hinaus zu der Einsicht gelangen, daß kleinere Menschen analog zu den kleineren Dosen schneller auskühlen und daher kleine Kinder im Winter besser warm gehalten werden müssen.

besondere Hinweise:

Das Einfüllen des heißen Wassers sollte dem Lehrer vorbehalten bleiben. Auch an den heißen Dosen kann man sich verbrennen !

Beschreibung des Experiments:

1. Schneidet das Papier so zurecht, daß Ihr es um die Dosen wickeln könnt, ohne daß etwas an den Rändern übersteht.
2. Malt nun Figuren auf das Papier; z.B. für die kleine Dose ein Kind.
3. Jetzt könnt Ihr die Figuren auf die Dosen kleben.
4. Eure Lehrerin füllt nun heißes Wasser in alle 4 Dosen. Verschließt danach die Dosen schnell mit den Deckeln, damit das Wasser in allen 4 Dosen am Anfang gleich heiß ist.
5. Umwickelt eine der großen Dosen und die kleine Dose mit jeweils einem Wollschal.
6. Einer zweiten großen Dose zieht Ihr das T-Shirt-Stück an. Überprüft, ob die Kleidung auch wirklich gut an den Dosen hält, befestigt sie sonst mit einem einzelnen Klebestreifen. Eine große Dose bleibt ohne Kleidung.
7. Nun wartet 45 min.
8. Öffnet die Deckel und meßt mit dem Thermometer die Temperaturen in den vier Dosen.
9. Vergleicht die Temperaturen in den großen Dosen - welche Kleidung hat die Dose am wärmsten gehalten?
10. Vergleicht die kleine Dose mit Wollschal mit der großen Dose mit Wollschal. Welche hat die höhere Temperatur ?

Skizze des Versuchsaufbaus:

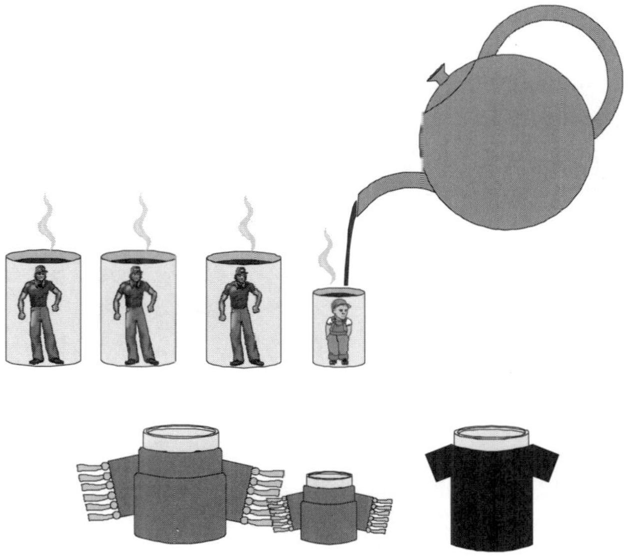

33 *Die Dauer der Gerüche*

geeignet für Klasse	Lehrer-/Schüler-Experiment (Gruppengröße)	Vorberei-tungszeit	Dauer des Experiments	Schwierig-keitsgrad
3 / 4	**(1-2)**	**2 min**	**7 min**	☺

benötigtes Material:
2 Reagenzgläser mit Stopfen und Gestell
50 ml Himbeersirup
50 ml Zitronensirup

Einbindung in den Unterricht:
Der Versuch kann im Rahmen der Besprechung des Sinnesorgans „Nase" durchgeführt werden. An diesen Versuch anschließen können weitere Experimente zum Sinnesorgan Nase.
Darüberhinaus kann der Lehrer die Schüler nach dem Experiment auffordern, Situationen zu nennen, in welchen sie ähnliche Erfahrungen im Alltag gemacht haben.

Lernziele / didaktische Hinweise:
Der Versuch dient der Überprüfung der Dauerhaftigkeit von Geruchsempfindungen.
Die Schüler sollen lernen, daß die Geruchsempfindung bei der Wahrnehmung eines bestimmten Geruchs mit der Zeit nachläßt.
Sie sollen lernen, daß danach ein anderer Geruchsstoff jedoch normal wahrgenommen wird und daß nach Wahrnehmung des anderen Geruchsstoffes der erste Geruch wieder gut wahrnehmbar ist.

Beschreibung des Experiments:

1. Gib in ein Reagenzglas etwa 1 ml Himbeersirup und verkorke das Glas.
2. Gib in ein anderes Reagenzglas etwa 1 ml Zitronensirup und verkorke das Glas.
3. Rieche etwa 2 Minuten an dem Himbeersirup und beachte dabei genau die Geruchsempfindung. Vergleiche die Geruchsempfindung am Anfang und am Ende der Zeit.
4. Rieche nun ebenfalls zwei Minuten lang am Zitronensirup und beachte die im vorigen Punkt angegebenen Verhaltensmaßregeln.
5. Rieche direkt im Anschluß erneut am Himbeersirup. Was stellst Du fest ?

Skizze des Versuchsaufbaus:

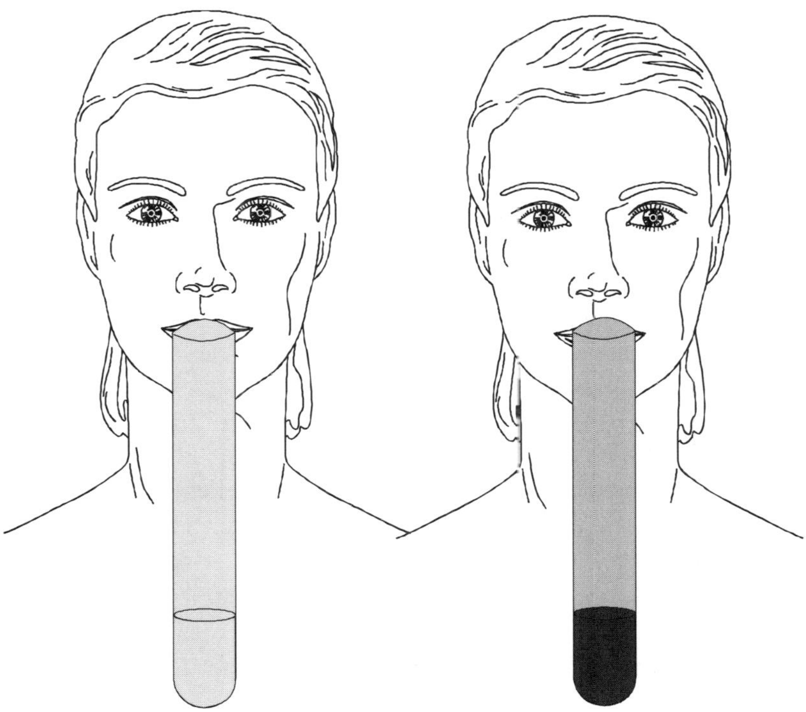

34 *Die Arbeitsweise des Ohrs*

geeignet für Klasse	Lehrer-/Schüler-Experiment (Gruppengröße)	Vorbereitungszeit	Dauer des Experiments	Schwierigkeitsgrad
4		**20 min**	**5 min**	☺☺

benötigtes Material:

1 Tamburin
1 Stativ mit Muffe und Klammer
1 Tischtennisball
1 Faden (Zwirn)
10-20 cm Filmstreifen (Rest von entwickeltem Dia- oder Farbfilm)
Klebeband (z.B. Tesafilm)
1 Petrischale (oder anderes flaches Gefäß)
1 Becherglas (oder andere Unterlage zum Höherstellen der Petrischale)
angefärbtes Wasser (z.B. mit Tinte oder Lebensmittelfarbe)
1 Schallquelle (z.B. Gong oder ein zweites Tamburin mit Klöppel)

Einbindung in den Unterricht:

Der Versuch kann bei der Behandlung des Themas „Ohr" (Sinnesorgane) oder „Schall" eingesetzt werden. Anschließend können Aufbau des Ohrs, sowie die Verbreitung des Schalls über Wellen besprochen werden.

Lernziele / didaktische Hinweise:

Die Schüler bekommen einen Einblick in die Funktionsweise des Ohrs und lernen, daß Geräusche durch Schallwellen übertragen werden.
Die Begriffe Trommelfell, Gehörknöchelchen und Schnecke mit Flüssigkeit sollten eingeführt werden und vom Schüler am Versuchsaufbau zugeordnet werden können.
Die Schüler sollen dafür sensibilisiert werden, daß zu starker Lärm oder Krach das Ohr verletzen können, da bei Zunahme des Lärms das Trommelfell stärker schwingt und platzen kann.
Der Versuch kann auch auf einem Overheadprojektor durchgeführt werden.

Beschreibung des Experiments:

1. Befestigen Sie den Tischtennisball mit Klebeband an dem Faden. Befestigen Sie an dem Tischtennisball (an der dem Faden gegenüberliegenden Seite) den Filmstreifen mit Klebeband. Knicken Sie den Filmstreifen am Ende wie eine Schaufel quer ab.
2. Befestigen Sie den Faden an der Außenseite des Tamburins mit Klebeband, so daß der Tischtennisball in der Mitte des Tamburins hängt.
3. Bringen Sie das Tamburin senkrecht an einem Stativan. Stellen Sie auf das Becherglas (oder eine andere Erhöhung) vor das Tamburin die mit dem angefärbten Wasser gefüllte Petrischale, so daß der abgeknickte Teil des Filmstreifens die Wasseroberfläche berührt.
4. Schlagen Sie hinter dem Tamburin auf einen Gong, bzw. auf ein zweites Tamburin (Der Versuchsaufbau darf dabei nicht berührt werden, es darf nicht an den Tisch gestoßen werden!). Durch die Schallwellen gerät die Membran des anderen Tamburins in Schwingungen. Dadurch schwingt der Tischtennisball, und der daran befestigte Filmstreifen erzeugt Wasserwellen auf der Petrischale. Hierdurch werden die Schallwellen sichtbar gemacht.

Skizze des Versuchsaufbaus:

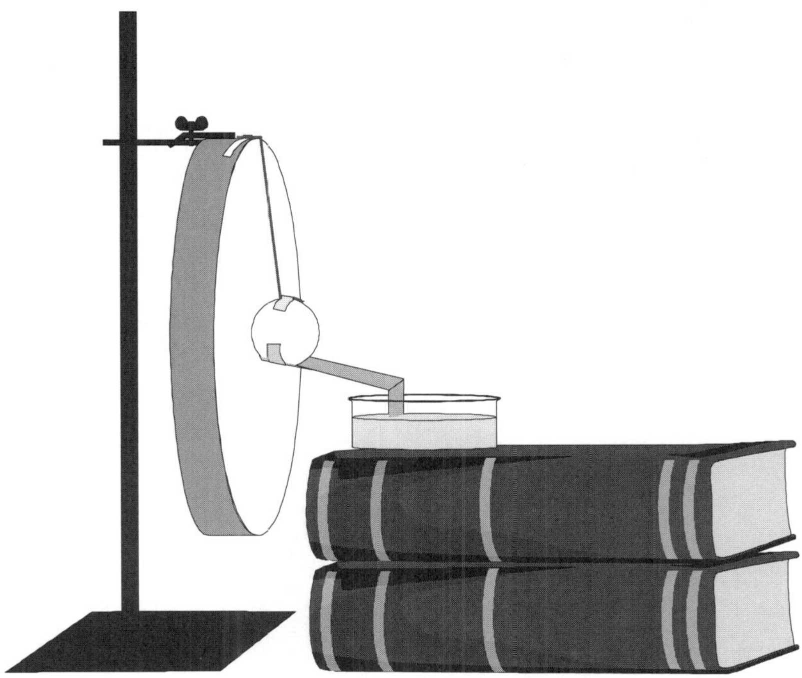

35 *Cola-Dosen küssen sich*

geeignet für Klasse	Lehrer-/Schüler-Experiment (Gruppengröße)	Vorbereitungszeit	Dauer des Experiments	Schwierigkeitsgrad
4	 **(2-4)**	**5 min**	**5 min**	☺☺

benötigtes Material:
2 leere Getränkedosen (am besten 0,33 l)
15 Strohhalme
1 Föhn

Einbindung in den Unterricht:
Das Experiment ist im Themenbereich „Luft“ verwendbar. Es demonstriert, daß Luft Druck ausübt, wobei der Druck ruhender Luft größer ist als der Druck bewegter Luft. Daher kann der Versuch ergänzend zu einer Unterrichtsstunde, in dem der Luftdruck behandelt wird, durchgeführt werden.

Lernziele / didaktische Hinweise:
Die Schüler erkennen Luft als etwas, das nicht nur *da* ist, sondern lernen durch diesen Versuch auch, daß Luft einen permanenten Druck ausübt.
Darüberhinaus sollen sie aus dem Experiment schließen, daß bewegte Luft geringeren Druck ausübt als ruhende.

Beschreibung des Experiments:

1. Verteilt die 15 Stohhalme in einem Abstand von ca. 0,5 cm nebeneinander auf dem Tisch, so daß sich eine Bahn wie in der Abbildung ergibt.
2. Stellt die leeren Getränkedosen auf die Strohhalme. Stellt sie im ersten Durchgang ca. 3 cm auseinander.
3. Nun pustet einer von Euch kräftig und gleichmäßig zwischen die beiden Dosen. Beobachtet, was passiert.
4. In einem zweiten Durchgang könnt Ihr versuchen, die Dosen etwas weiter auseinanderzustellen. Bis zu welcher Entfernung erreicht Ihr noch den Effekt von vorhin?
5. Ihr könnt auch in einem weiteren Versuch statt selber zu pusten einen Föhn verwenden. Was ändert sich dann ?

Skizze des Versuchsaufbaus:

36 *Die Schallwelle (Längswelle)*

geeignet für Klasse	Lehrer-/Schüler-Experiment (Gruppengröße)	Vorbereitungszeit	Dauer des Experiments	Schwierigkeitsgrad
3 / 4	 **(alle)**	**3 min**	**5 min**	☺

benötigtes Material:
1 langes, schweres Seil (z.B.: Tau, Abschleppseil)

Einbindung in den Unterricht:
Der Versuch veranschaulicht die Ausbreitung von Schallwellen. Es ist empfehlenswert, zuvor Versuche zur Entstehung von Tönen durchzuführen, die den Schülern zeigen, daß Geräusche durch Schwingungen entstehen. Dieser Versuch verdeutlicht den theoretischen Hintergrund des Schalls.
Man muß sich das Seil aus lauter kleinen Teilchen zusammengesetzt vorstellen, die elastisch, wie mit Gummifäden, miteinander verknüpft sind. Der Impuls, der durch die Auf- und Abbewegung in das Seil gegeben wird, wird von den einzelnen Teilchen an die Nachbarteilchen weitergegeben.

Lernziele / didaktische Hinweise:
Die Schüler sollen am Modell lernen, daß sich der Schall von der Schallquelle wellenförmig, geradlinig ausbreitet. Dabei wird er immer schwächer, je weiter er sich ausbreitet.

Beschreibung des Experiments:

1. Bindet das eine Ende des Seils an einen Stuhl. Einer von Euch hält den Stuhl fest (oder setzt sich darauf), so daß der Stuhl nicht umfallen kann.
2. Ein anderer Schüler bewegt nun das freie Ende des Seils einmal heftig auf und ab.
3. Der Schüler wiederholt diese Bewegung nun mehrmals hintereinander, so daß das Seil in eine gleichmäßige Bewegung gerät.
4. Was könnt Ihr beobachten?

Skizze des Versuchsaufbaus:

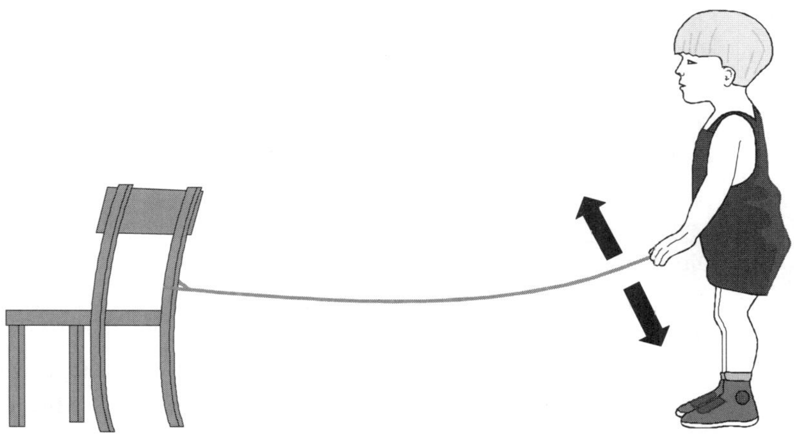

37 *Tickt die Uhr ?*

geeignet für Klasse	Lehrer-/Schüler-Experiment (Gruppengröße)	Vorbereitungszeit	Dauer des Experiments	Schwierigkeitsgrad
2 - 4	 **(2)**	**2 min**	**5 min**	☺

benötigtes Material:
1 tickende Uhr
1 Tisch

Einbindung in den Unterricht:
Dieser Versuch ist ein einführendes oder weiterführendes Experiment zu den Themen „Sinnesorgan Ohr“ und „Lärm und Lärmschutz“. Es zeigt die Verbreitung von Schall durch Wellen. Wenn das Experiment mit ähnlichen Versuchen verbunden wird, können die Schüler vielleicht selbst eine Erklärung für das Phänomen finden.

Lernziele / didaktische Hinweise:
Die Schüler sollen lernen, daß Geräusche durch Schallwellen (Vibrationen) übertragen werden. Hierzu sind verschiedene Materialien (Holz, Wasser, Luft) geeignet.
Darüberhinaus sollen die Schüler erkennen, daß sich Schallwellen oft durch harte Materialien besser übertragen lassen als über die Luft. Dies kann anhand dieses Experiments gezeigt werden.
Die Schüler sollen verstehen, daß sich Schallwellen in der Luft in alle Richtungen verteilen und so das Ohr nicht direkt erreichen.

Beschreibung des Experiments:

1. Sorge dafür, daß im Raum absolute Stille herrscht.
2. Stelle Dich an einen Tisch, Dein Mitschüler stellt sich an die gegenüberliegende Seite des Tischs.
3. Halte die Uhr in die Luft. Kann dein Mitschüler die Uhr ticken hören?
4. Nun lege die Uhr auf den Tisch. Dein Mitschüler preßt sein Ohr auf die Tischoberfläche. Kann dein Freund die Uhr jetzt ticken hören?
5. Überlegt gemeinsam was ihr aus dem Versuch schließen könnt.

Skizze des Versuchsaufbaus:

38 *Die Farben des Lichts*

geeignet für Klasse	Lehrer-/Schüler-Experiment (Gruppengröße)	Vorbereitungszeit	Dauer des Experiments	Schwierigkeitsgrad
4		**5 min**	**3 min**	☺☺

benötigtes Material:

1 Prisma oder: 1 Schüssel Wasser und ein Spiegel
starkes Sonnenlicht
1 Gegenstand mit völlig ebener, weißer Oberfläche

Einbindung in den Unterricht:

Bei der Behandlung des Themas „Licht“ kann dieses weiterführende Experiment eingesetzt werden, um zu erklären, was Licht ist und woraus es besteht.
Des weiteren ist der Versuch im Themenbereich „Wetter“ anwendbar, wenn man das Phänomen des Regenbogens erklären möchte.

Lernziele / didaktische Hinweise:

Sollten Sie kein Prisma zur Hand haben, könnten Sie statt dessen auch eine Schüssel mit Wasser verwenden, auf dessen Oberfläche sich das Licht bricht. Stellen Sie einen Spiegel ins Wasser und projizieren Sie das Licht an die Wand.
Die Schüler sollen lernen, daß Licht nicht ursprünglich weiß ist, sondern sich aus mehreren Farben zusammensetzt. Sie sollten die Farben (rot, orange, gelb, grün, blau und violett) auch nennen können.
Ebenso sollten die Schüler verstehen, warum der Regenbogen immer nur dann auftritt, wenn es regnet und gleichzeitig die Sonne scheint.

besondere Hinweise:

Das Experiment funktioniert nur bei starkem Sonnenschein.

Beschreibung des Experiments:

1. Suchen Sie sich ein Fenster, durch das starkes Sonnenlicht einfällt.
2. Stellen Sie das Prisma so auf, daß die Sonne hindurch scheint.
3. Die Sonnenstrahlen werden abgelenkt. Stellen Sie nun Ihren Gegenstand mit der glatten, weißen Oberfläche so hinter das Prisma, daß die abgelenkten Sonnenstrahlen auf die Oberfläche fallen.

Skizze des Versuchsaufbaus:

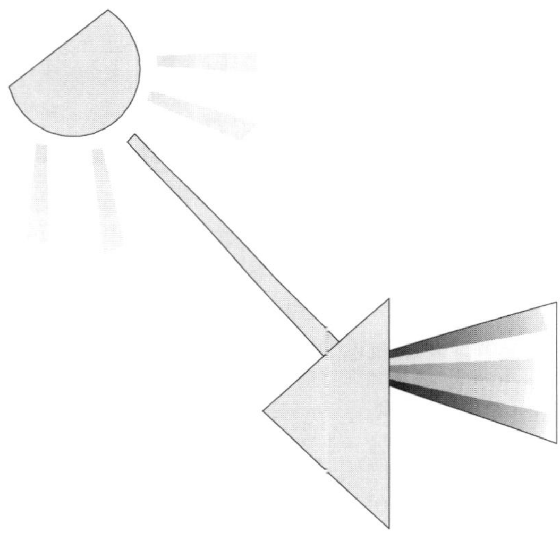

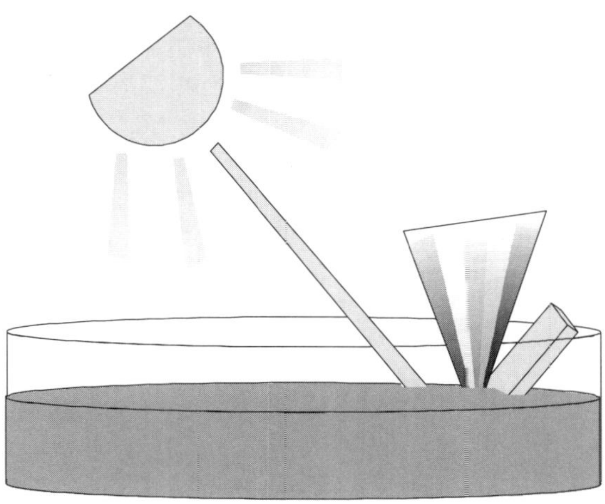

39 *Der Glockenschlag des Löffels*

geeignet für Klasse	Lehrer-/Schüler-Experiment (Gruppengröße)	Vorbereitungszeit	Dauer des Experiments	Schwierigkeitsgrad
3 / 4	 **(1-2)**	**5 min**	**2 min**	☺

benötigtes Material:
1 Metalllöffel
60 cm Drachenschnur

Einbindung in den Unterricht:
Das Experiment eignet sich als einführender oder weiterführender Versuch zu den Themen „Schall“ und „Sinnesorgan Ohr“.
Vor oder nach diesem Versuch kann der Lehrer die Funktionsweise des Ohrs erklären, das Schallwellen aufnimmt und für den Menschen wahrnehmbar macht. Ebenso kann an dieses Experiment die Erläuterung angeschlossen werden, wie sich Schall durch Wellen verbreitet.

Lernziele / didaktische Hinweise:
Der Lehrer sollte die Schüler auf jeden Fall auf die Vibrationen der Drachenschnur aufmerksam machen, da bei diesem Experiment die Schallwellen sehr gut sichtbar werden.
Die Schüler sollen lernen, daß Schall sich über Wellen verbreitet und daß diese Wellen sowohl von Luft als auch von anderen Materialien übertragen werden können.
Die Schüler sollen die Intensität, mit der der Löffel klingt, erkennen und mit dem Umstand in Verbindung bringen, daß die Schallwellen in der Luft auseinandergehen und durch die Schnur gebündelt übertragen werden.

Beschreibung des Experiments:

1. Befestige den Griff des Löffels in der Mitte der Schnur.
2. Wickel die Enden der Schnur um Deine Zeigefinger. Die beiden Hälften der Schnur müssen genau gleich lang sein.
3. Stecke die Fingerspitzen Deiner Zeigefinger in die Ohren.
4. Beuge Dich ein wenig nach vorne, damit der Löffel frei hängen kann und lasse den Löffel kurz gegen die Tischkante schlagen.
5. Was stellst Du fest ?
6. Lasse den Löffel auch einmal gegen die Tischkante schlagen, ohne daß Du die Finger in den Ohren hast.
7. Wie hört sich der Ton dann an ?

Skizze des Versuchsaufbaus:

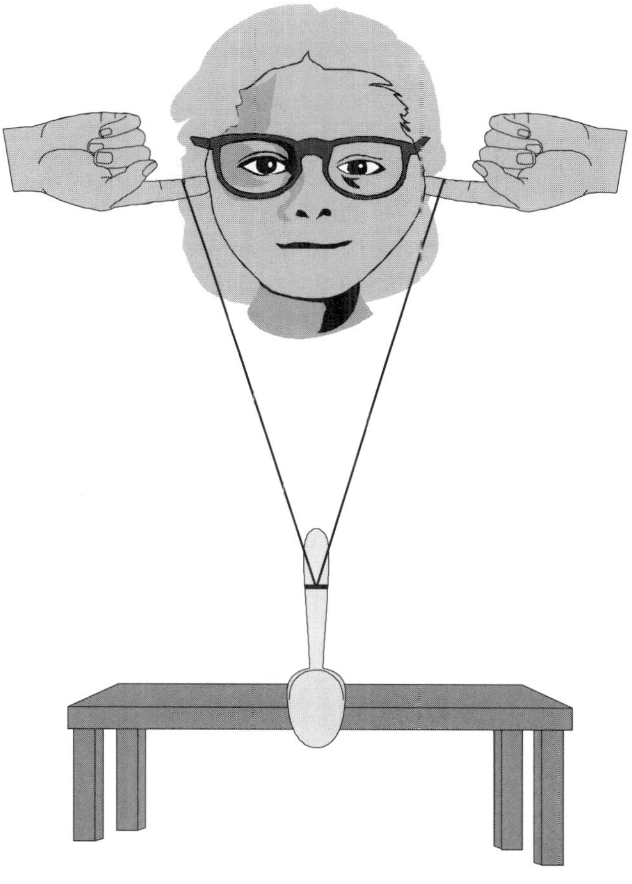

40 *Die Schüler als Paläontologen*

geeignet für Klasse	Lehrer-/Schüler-Experiment (Gruppengröße)	Vorbereitungszeit	Dauer des Experiments	Schwierigkeitsgrad
3 / 4	**(2-4)**	**30 min**	**2 Tage**	☺☺☺

benötigtes Material:

Bücher über Dinosaurier, die Auskunft über Fossilien geben
Ton
Gips
verschiedene Objekte für einen Abdruck (Muscheln, Steine, Blätter)
1 Behälter
1 Holzlöffel

Einbindung in den Unterricht:

Diese Studie zum Thema "Fossilien" kann durchgeführt werden, wenn ausgestorbene Tier- oder Pflanzenarten besprochen werden, oder wenn der Lehrer das Thema „Dinosaurier“ thematisieren will. Die Studie gibt eine Erklärung dafür, woher wir unser Wissen über ausgestorbene Tier- und Pflanzenarten haben.
Das Thema kann fächerübergreifend im Deutsch-, Kunst- und Sachunterricht besprochen werden.

Lernziele / didaktische Hinweise:

Zu Beginn der Studie können Texte über Dinosaurier oder Paläontologen gelesen werden. Dadurch wird das Thema „Fossilien“ eingeführt. Der Lehrer kann, falls vorhanden, Fossilien oder Bilder von Fossilien in der Klasse zeigen.
Die Schüler sollen die Aufgabe eines Paläontologen erklären können.
Sie sollen wissen, was ein Fossil ist.
Die Schüler sollen erkennen, daß man durch Fossilien etwas über die Vergangenheit lernen kann.
Sie sollen in der Lage sein, mit Hilfe von Ton, Gips und einigen Objekten eigene "Fossilien" zu erstellen

Beschreibung des Experiments:

1. Rührt den Gips an.
2. Nehmt etwas Ton und rollt ihn bis zu einer Dicke von etwa 2,5 cm aus.
3. Nehmt Eure Objekte und drückt diese in den Ton, so daß sie einen guten Abdruck ergeben. Nehmt sie danach vorsichtig wieder heraus.
4. Füllt den zurückbleibenden Abdruck mit Gips auf und laßt das ganze einen Tag ruhen.
5. Am nächsten Tag könnt Ihr den Ton entfernen und das "Fossil" aus Gips entnehmen.
6. Zeigt Eure Fossilien Euren Mitschülern und laßt sie erraten, welcher Gegenstand abgebildet wurde. Könnt Ihr Euch vorstellen, wie dies in der Natur geschieht ?

Skizze des Versuchsaufbaus:

41 *Kresse aussäen*

geeignet für Klasse	Lehrer-/Schüler-Experiment (Gruppengröße)	Vorbereitungszeit	Dauer des Experiments	Schwierigkeitsgrad
3 / 4	 **(2-3)**	**10 min**	**einige Tage**	☺

benötigtes Material:

2 Untertassen
etwas Watte
Wasser
1 Gießkanne
Kressesamen

Einbindung in den Unterricht:

Der Versuch kann im Themenkomplex „Pflanzen“ oder zum Thema „Sonne“ durchgeführt werden. Er verdeutlicht, daß Pflanzen Licht benötigen, um zu wachsen. Das Experiment kann mit anderen Versuchen kombiniert werden, die zeigen, was Pflanzen brauchen, um zu gedeihen.

Lernziele / didaktische Hinweise:

Die Schüler sollen lernen, daß die Kresse (als Beispiel einer Pflanze) Licht benötigt, um zu wachsen.

Beschreibung des Experiments:

1. Legt zuerst etwas Watte auf beide Untertassen.
2. Dann streut Ihr Kressesamen auf die beiden Watteballen und feuchtet sie vorsichtig mit Leitungswasser an.
3. Stellt eine Untertasse an einen sonnigen Platz (z.B. auf die Fensterbank), die andere an einen dunklen Platz (z.B. in einen Schrank).
4. Schaut jeden Tag, wie die Samen gedeihen.
5. Die Watte darf nie trocken werden, Ihr müßt sie immer wieder mit Leitungswasser anfeuchten.
6. Beobachtet, ob die Kressesamen auf beiden Untertassen gleich schnell wachsen! Worin unterscheidet sich das Wachstum? Woran kann der Unterschied liegen?

Skizze des Versuchsaufbaus:

42 *Die Geschmackszonen der Zunge*

geeignet für Klasse	Lehrer-/Schüler-Experiment (Gruppengröße)	Vorbereitungszeit	Dauer des Experiments	Schwierigkeitsgrad
4	**(2-4)**	**15 min**	**10 min**	☺

benötigtes Material:

4 Reagenzgläser
1 Reagenzglasständer
1 Becherglas (100 ml)
4 Holzstzäbchen
Filtrierpapier
3 ml 2 %ige Natriumchloridlösung (Kochsalz, NaCl)
3 ml 0,5 %ige Essigsäure (CH_3COOH)
3 ml 1,2 %ige Saccharoselösung (Rübenzucker, $C_{12}H_{22}O_{11}$)
3 ml 5 %ige Magnesiumsulfatlösung (Bittersalz, $Mg\ SO_4$)
Wasser

Einbindung in den Unterricht:

Der Versuch kann in die Themenreihe der Sinnesorgane eingeordnet werden und behandelt speziell die Geschmacksempfindung.

Lernziele / didaktische Hinweise:

Die Schüler lernen, daß die Geschmacksempfindungen an verschiedenen Stellen der Zunge unterschiedlich sind.
Die vier Lösungen sollten vor Versuchsbeginn vom Lehrer für jede Gruppe in jeweils ein Reagenzglas gefüllt werden.
Bei ausreichender Zeit sollten die Versuchspersonen wechseln, so daß möglichst viele Schüler unterschiedliche Geschmacksempfindungen erkennen können.

besondere Hinweise:

Um Übertragungen von Erkrankungen zwischen den Schülern zu vermeiden, ist darauf zu achten, daß bei jeder „Geschmacksprobe" jeweils neue Stäbchen benutzt werden.

Beschreibung des Experiments:

1. Sucht einen Schüler aus, der in diesem Versuch Eure Versuchsperson ist.
2. Die Zunge der Versuchsperson muß mit Filtrierpapier abgetrocknet werden.
3. Taucht nun ein Holzstäbchen in eine der Flüssigkeiten ein und prüft in der unten angegebenen Reihenfolge die Geschmacksempfindungen der Versuchsperson, indem Ihr das Holzstäbchen über die entsprechende Stelle streicht:

   a) Zungenspitze
   b) seitliche Zungenränder
   c) Mitte der Zunge, vorne
   d) Mitte der Zunge, hinten

   Wenn die Zunge an einer Stelle bestrichen ist, sollte die Versuchsperson die Zunge wieder in den Mund nehmen und gegen den Gaumen drücken, oft tritt erst dann der Geschmack auf.

   Nach jeder Prüfung, vor dem Abtrocknen und Bestreichen der neuen Stelle, sollte die Versuchsperson den Mund mit Leitungswasser ausspülen, damit der Geschmack des neuen Versuchs nicht durch den alten verfälscht wird.

   Es wird also jede der Zungenstellen mit jeder Lösung bestrichen.
4. Führt diesen Versuch genauso nacheinander auch mit den drei anderen Flüssigkeiten an der gleichen Versuchsperson durch.
5. Vergleicht nun, an welcher Stelle der Zunge Ihr welchen Geschmack empfindet.

Skizze des Versuchsaufbaus:

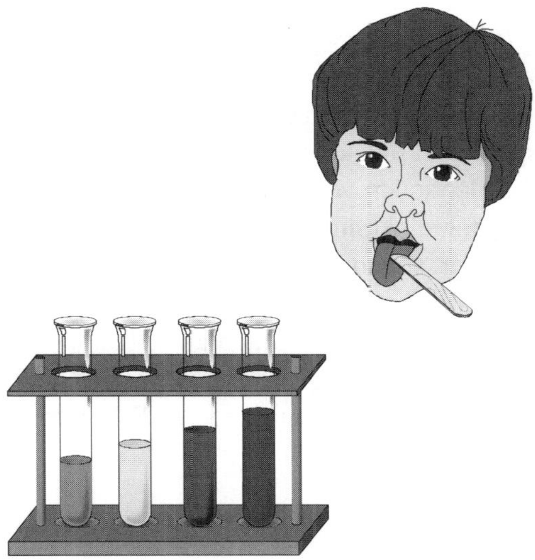

43 *Die „Befühle und Beschreibe“-Box*

geeignet für Klasse	Lehrer-/Schüler-Experiment (Gruppengröße)	Vorbereitungszeit	Dauer des Experiments	Schwierigkeitsgrad
1 - 4		**2 min**	**15 min**	☺

benötigtes Material:

1 Schal
1 großes Behältnis (Schüssel, Schuhkarton, o.ä.)
1 Handtuch
unterschiedliche Steine
verschiedene Früchte oder Gemüse
Nußmischung (Walnüsse, Haselnüsse, Erdnüsse)
Blätter vom Schulhof
Samen von Pflanzen ...

Einbindung in den Unterricht:

Die „Befühle und Beschreibe“-Box kann vielfältig im Unterricht eingesetzt werden. Bei der Behandlung der Sinnesorgane des Menschen kann sie den Tastsinn bewußt machen.
Aber es gibt auch fächerübergreifende Möglichkeiten des Einsatzes. Der Lehrer kann die Schüler auffordern, die befühlten Gegenstände genau zu beschreiben und auf diese Weise verschiedene Adjektive zu sammeln, mit denen der Mensch seine Umwelt verbal erschließt.

Lernziele / didaktische Hinweise:

Je nach Klassengröße können auch 2 Personen mit jeweils einer „Befühle und Beschreibe“-Box herumgehen, damit der Versuch nicht zulange dauert und keine Langeweile aufkommt.
Die Schüler sollen verstehen, daß sie ihre Umwelt nicht allein mit den Augen erfahren können.
Die Schüler sollen ihre sensiblen, motorischen Fähigkeiten für ein Ertasten Ihres Lebensraumes verfeinern.
Weiterhin sollen sie sprachliche Kompetenz erwerben, um das Ertastete umfangreich zu beschreiben und so von ähnlichen Gegenständen differenziert anderen Schülern erklären zu können.

Beschreibung des Experiments:

1. Legen Sie zunächst einige oder alle (je nach Größe und verfügbarem Raum) Gegenstände in das Behältnis, so daß die Schüler sie zuvor nicht sehen können.
2. Decken Sie das Behältnis mit einem Handtuch ab und gehen Sie reihum zu den Schülern.
3. Jeder Schüler soll, die Augen mit dem Schal verbunden, in das Behältnis hineingreifen, sich für einen Gegenstand entscheiden und diesen dann beschreiben und identifizieren.
4. Je nach Alter der Schüler können die Gegenstände in Ihrem Schwierigkeitsgrad variieren.

Skizze des Versuchsaufbaus:

44 ***Süße Sellerie***

geeignet für Klasse	Lehrer-/Schüler-Experiment (Gruppengröße)	Vorbereitungszeit	Dauer des Experiments	Schwierigkeitsgrad
3 / 4	 **(2-3)**	**10 min**	**2 Tage**	☺☺

<u>*benötigtes Material:*</u>
2 Selleriestangen mit Blättern
2 Gläser
Zucker
Teelöffel
Filzschreiber
Klebeband

<u>*Einbindung in den Unterricht:*</u>
Das Experiment kann im Themenbereich „Pflanzen" eingesetzt werden, nachdem der Aufbau von Pflanzen behandelt wurde.
Der Versuch demonstriert die Nahrungsaufnahme von Pflanzen.
Nach dem Experiment kann der Lehrer besprechen, welche Nährstoffe Pflanzen aus dem Boden benötigen und wie Boden beschaffen sein muß, damit Pflanzen gedeihen.
Weitere Versuche zu diesem Thema können sich anschließen.

<u>*Lernziele / didaktische Hinweise:*</u>
Die Schüler sollen verstehen, daß Pflanzen Nährstoffe zum Leben benötigen, die sie aus dem Boden aufnehmen.
Sie sollen weiterhin anhand des Experimentes lernen, daß Pflanzen die Nährstoffe bis in die Blätter weiterleiten.

<u>*besondere Hinweise:*</u>
Die Selleriestangen sollten so zugeschnitten sein, daß sie nicht durch ihre Länge und ihr Gewicht das Glas umkippen, wenn sie hineingestellt werden.

Beschreibung des Experiments:

1. Zunächst füllt Ihr jedes Glas halbvoll mit Wasser.
2. In das eine Glas gebt Ihr nun 4 Teelöffel Zucker. Klebt einen Klebestreifen auf das Glas und kennzeichnet es mit der Aufschrift "Zucker".
3. Danach bringt Ihr auch am anderen Glas einen Klebestreifen an und schreibt darauf „Wasser“.
4. Stellt nun in jedes Glas eine Selleriestange.
5. Jetzt müßt Ihr 48 Stunden warten.
6. Dann könnt Ihr die Blätter von beiden Selleriestangen probieren. Was fällt Euch auf, wenn Ihr den Geschmack vergleicht ?

Skizze des Versuchsaufbaus:

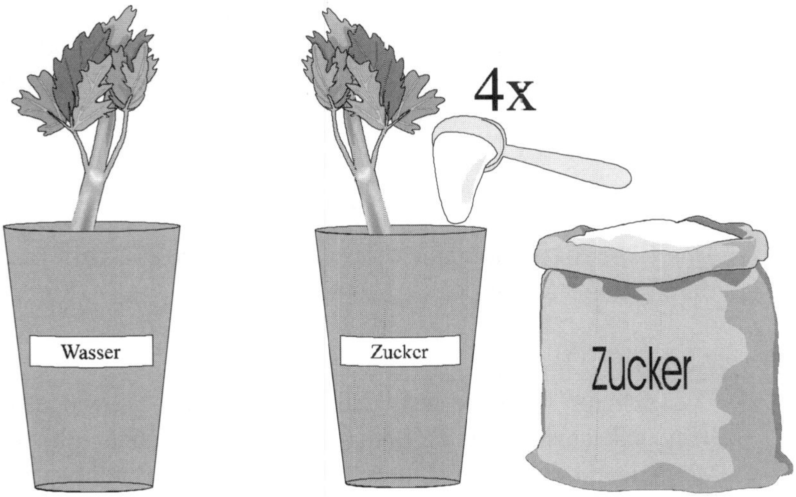

45 *Das selbstgebaute Instrument*

geeignet für Klasse	Lehrer-/Schüler-Experiment (Gruppengröße)	Vorbereitungszeit	Dauer des Experiments	Schwierigkeitsgrad
1 - 4	**(1-2)**	**10 min**	**10 min**	☺

benötigtes Material:

1 leere Holzkiste (oder Plastik-(Eis)dose)
mehrere Gummiringe in unterschiedlichen Größen (nicht zu klein!)

Einbindung in den Unterricht:

Dieser Versuch eignet sich zur Einbindung in den Themenkomplex „Schall“. Anhand des Versuches kann auch auf die Funktionsweise von Instrumenten eingegangen werden. Der Lehrer kann danach die Schüler auffordern, weitere Saiteninstrumente zu nennen, die dann besprochen werden.
Weitere Versuche zum Thema Schall können sich anschließen oder vorausgehen.
Das Experiment kann auch fächerübergreifend mit dem Fach Musik durchgeführt werden.

Lernziele / didaktische Hinweise:

Die Schüler sollen lernen, daß Schall durch Schwingungen einer Tonquelle entsteht. Es entstehen Druckschwankungen, die übertragen werden und an unsere Ohren gelangen oder mit einem Mikrophon aufgenommen werden können.
Weiter sollten die Schüler erkennen, daß sich durch unterschiedlich straff gespannte oder verschieden dicke Gummis unterschiedliche Töne erzeugen lassen.
Die Schüler sollen lernen, daß die Tonhöhe von der Frequenz abhängt, mit der die Seiten schwingen.

besondere Hinweise:

Es besteht eine Verletzungsgefahr durch reißende Gummis.

Beschreibung des Experiments:

1. Stellt die Holzkkiste oder Dose vor Euch auf den Tisch.
2. Spannt nun 3-5 Gummiringe nebeneinander darüber, so daß zwischen ihnen etwas Platz ist.
3. Jetzt könnt Ihr auf Eurem selbstgebauten Instrument Töne erzeugen, indem Ihr an den einzelnen Gummis vorsichtig zupft.

Skizze des Versuchsaufbaus:

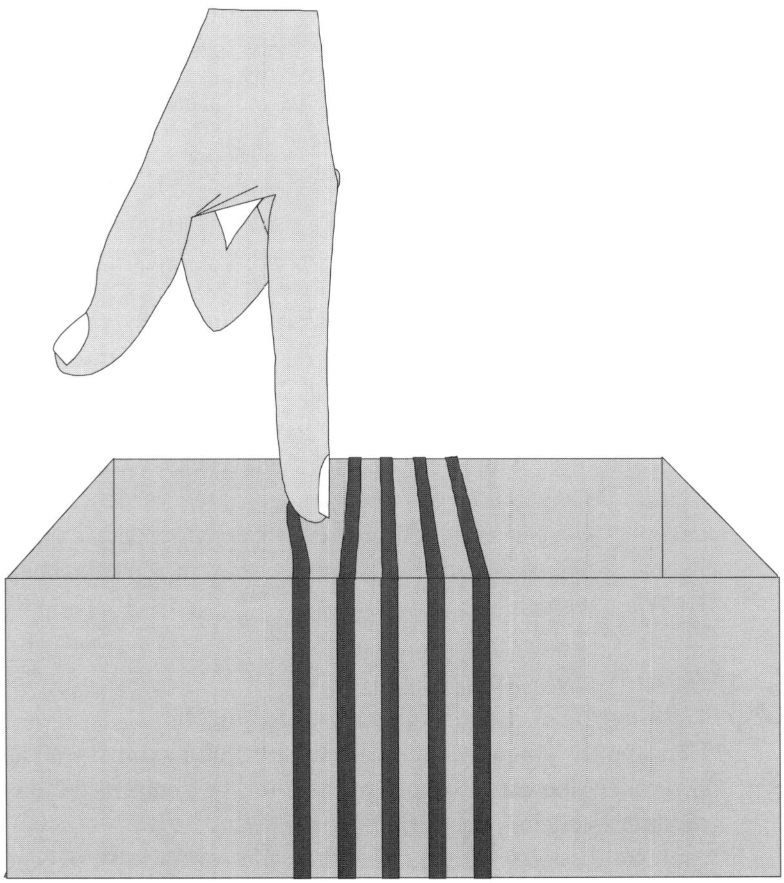

46 *Teste Dein Lungenvolumen*

geeignet für Klasse	Lehrer-/Schüler-Experiment (Gruppengröße)	Vorbereitungszeit	Dauer des Experiments	Schwierigkeitsgrad
2 - 4		**20 min**	**25 min**	☺☺

benötigtes Material.
1 großer, transparenter Behälter (z.B. 5-10 l Plastikflasche)
1 großes Becken oder Wanne
Wasser
Gummischlauch
1 Meßbecher (250 oder 500 cm^3)
wasserfester Filzschreiber
Stift und Papier oder Tafel

Einbindung in den Unterricht:
Die Bestimmung des Lungenvolumens findet ein mögliches Anwendungsgebiet bei der Behandlung des Themas „Mensch". Die Lunge als Organ sollte auch in der Grundschule thematisiert werden.
Aber auch im Zusammenhang mit gesundheitspädagogischen Aspekten kann diese Studie nutzbringend eingesetzt werden: Sammelt der Lehrer die Ergebnisse der Tests an der Tafel, wird sich herausstellen, daß überwiegend sportlich aktive Kinder ein großes Lungenvolumen haben. Auch das Rauchen kann in diesem Zusammenhang angesprochen werden.

Lernziele / didaktische Hinweise:
Der Begriff des Lungenvolumens wird eingeführt.
Die Schüler lernen, wie man das Lungenvolumen messen kann.
Sie sollen überdies Einsicht in Faktoren bekommen, die das Lungenvolumen steigern oder vermindern.
Sie sollen sich zudem die Vorteile eines ausreichend großen Lungenvolumens verdeutlichen.

besondere Hinweise:
Die Kinder könnten sich durch übertriebenen Ehrgeiz überanstrengen. Daher sollte jedes Kind nur einmal in den Behälter blasen.

Beschreibung des Experiments:

1. Zuerst muß der Behälter geeicht werden. Benutzen Sie dazu den Meßbecher und kennzeichnen Sie die Wasserhöhe mit dem wasserfestem Stift. Beschriften Sie die Marke mit der eingefüllten Wassermenge. Dieser Vorgang wird wiederholt, die jeweils neue Wasserhöhe markiert bis der Behälter fast voll ist. Es empfiehlt sich, die Markierungen in 250 ml-Schritten vorzunehmen.
2. Ein Schüler hält den umgedrehten Behälter senkrecht in die Spüle, nachdem er ihn komplett mit Wasser gefüllt hat.
3. Helfen Sie dem Schüler dabei, den gefüllten Behälter so in der Spüle zu plazieren, daß das Wasser nicht wieder auslaufen kann.
4. Nun muß das eine Ende des Gummischlauchs in den Behälter gesteckt werden. Das andere Ende ragt aus dem Becken heraus.
5. Jetzt kann der erste Schüler seine Kapazität testen. Lassen Sie in ganz tief einatmen, die Nase zuhalten und alle Luft in den Schlauch blasen. Er sollte gleichmäßig ausatmen, damit nicht zuviel Druck auf den Schlauch einwirkt und Luft verlorengeht.
6. Anschließend läßt sich die Lungenkapazität des Schülers ablesen. Sie kann auf einem Blatt oder an der Tafel von anderen Schülern notiert werden.
7. Lassen Sie am Ende die Schüler ihre Lungenvolumen vergleichen. Haben sportliche oder größere (stärkere) Menschen ein größeres Lungenvolumen ?

Skizze des Versuchsaufbaus:

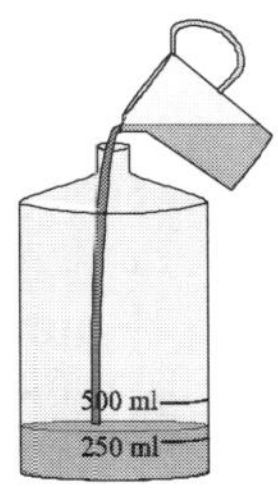

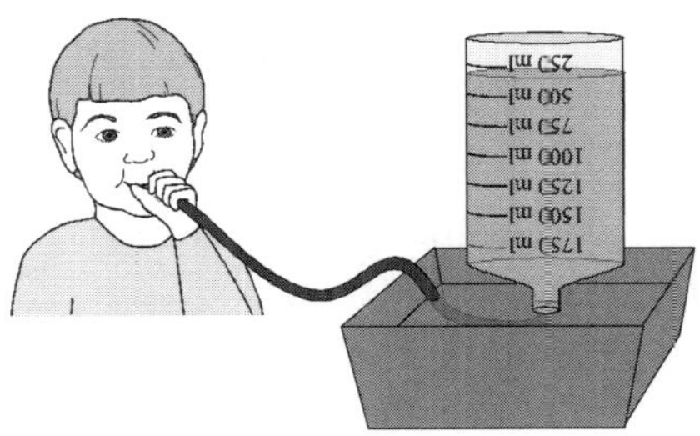

47 *Das bin ich !*

geeignet für Klasse	Lehrer-/Schüler-Experiment (Gruppengröße)	Vorberei-tungszeit	Dauer des Studie	Schwierig-keitsgrad
1 / 2	 **(2)**	**2 min**	**10 min**	☺☺

benötigtes Material:
Kopiervorlage oder 1 Din A4-Blatt
Buntstifte und Bleistift
1 Stempelkissen

Einbindung in den Unterricht:
Bei der Behandlung des Themengebiets „Ich und die anderen" erscheint es sinnvoll, die Schüler das hier geschilderte Persönlichkeitsprofil von sich erstellen zu lassen. Die fertiggestellten Profile können nachher in der Klasse ausgehängt werden.
Der Lehrer kann auch einige Aspekte vertiefen (z.B. jeder Fingerabdruck ist einmalig).

Lernziele / didaktische Hinweise:
Nachdem die Schüler Ihr Persönlichkeitsprofil mit Angaben zu Name, Augenfarbe, Hand und Fingerabdruck fertiggestellt haben, kann der Lehrer sie noch ein zweites Blatt anfertigen lassen, auf welchem die Schüler ihre Hobbys, Lieblingsfarbe, Lieblingstier usw. verzeichnen.
Die Schüler sollen lernen, sich von den anderen zu differenzieren und Ihre un- (bzw. schwer) veränderlichen Kennzeichen zu beschreiben.
Ebenso sollen sie aber auch aufmerksam auf einige Details der äußeren Erscheinung Ihrer Mitschüler werden.

besondere Hinweise:
Das Abnehmen der Fingerabdrücke sollte zuvor auf Probezetteln getestet, oder vom Lehrer durchgeführt werden.
Vorsicht ! Die Stempelfarbe geht schwer ab. Seife bereithalten.
Der Lehrer muß ebenfalls darauf achten, daß kein Schüler aufgrund seines Aussehens verspottet wird.

Beschreibung der Studie:

1. Lassen Sie zunächst die Schüler Ihren Namen auf das Blatt schreiben.
2. Dann sollen sie sich zu zweit zusammenfinden. Jeder malt die Augen seines Partners auf dessen Blatt. Die Schüler sollen sehr sorgfältig versuchen, die Augenfarbe(n) darzustellen.
3. Jetzt sollen sie ihren Handumriss in das dafür vorgesehene Kästchen malen. Machen Sie die Schüler darauf aufmerksam, daß sie die Finger ein wenig spreizen sollen.
4. Abschließend soll jeder Schüler seinen Daumenabdruck in seinem Handumriß hinterlassen. Zuvor sollten die Schüler üben, wie sie den Daumen über das Blatt rollen, um einen möglichst schönen Abdruck zu hinterlassen. Lassen Sie dazu die Schüler ihren Daumen gleichmäßig (aber nicht zu stark !) mit der Stempelfarbe einfärben. Nun sollen die Schüler den Daumen langsam von links nach rechts über das Blatt abrollen.

Skizze des Versuchsaufbaus:

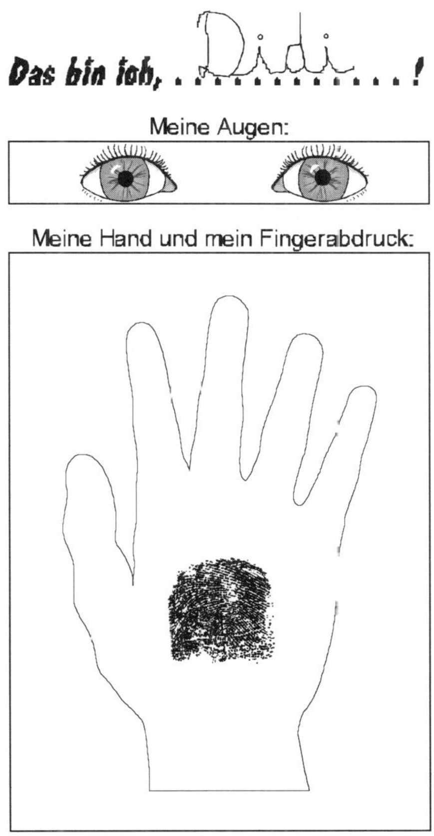

Das bin ich, ... !

Meine Augen:

Meine Hand und mein Fingerabdruck:

48 *Eine Sonnenuhr bauen*

geeignet für Klasse	Lehrer-/Schüler-Experiment (Gruppengröße)	Vorbereitungszeit	Dauer des Experiments	Schwierigkeitsgrad
3 / 4	/ **(2-8)**	**15 min**	**1 Tag**	☺☺

benötigtes Material:

1 Stab (Rundholz ca 15 cm lang)
1 dicke oder feste Pappe (50cm x 50cm)
1 langer Nagel
1 Hammer
Stifte

Einbindung in den Unterricht:

Der Lehrer kann mit den Schülern eine Sonnenuhr bauen, wenn das Thema „Sonne“, „Zeit“ oder „Universum“ im Unterricht behandelt wird.

Anhand der Sonnenuhr können verschiedene Aspekte im Unterricht besprochen werden. Der Lehrer kann die Schüler herausfinden lassen, um wieviel Uhr der Zeiger den kürzesten bzw. längsten Schatten wirft. Dann kann er auf die Erdrotation zu sprechen kommen.

Im Anschluß daran können die Jahreszeiten behandelt und die Erdumlaufbahn besprochen werden.

Ebenso kann der Lehrer anschließend auf verschiedene Kulturen verweisen, die keine elektronischen Uhren haben, sondern sich nach der Sonne richten.

Lernziele / didaktische Hinweise:

Die Schüler sollen lernen, daß die Uhrzeit auch mit Hilfe der Sonne bestimmt werden kann. Ebenso sollen sie zumindest die Grundlagen der Funktionsweise (Erdrotation) begreifen.

Der Lehrer kann auch zusammen mit seiner Klasse eine große Sonnenuhr für die Schule bauen. Diese muß aber etwas aufwendiger gestaltet werden, wenn sie ständig die richtige Uhrzeit anzeigen soll. Z.B. muß der Zeiger gen Norden gerichtet sein. Ein Teil der Klasse kann währenddessen eine Dokumentation über die Uhr ausarbeiten, die neben der Uhr ausgehängt werden kann.

Beschreibung des Experiments:

1. Zuerst drückt oder hämmert Ihr den Nagel durch die Mitte der Pappe. Paßt auf, daß Ihr den Nagel nicht in den Tisch schlagt !
2. Dreht die Pappe nun um und setzt den Holzstab auf den Nagel. Achtet darauf, daß der Nagel in der Mitte des Stabes ist. Dann schlagt Ihr mit dem Hammer leicht oben auf den Stab, bis der Nagel ganz im Holz verschwunden ist. Der Stab soll nun glatt auf der Pappe aufliegen.
3. Jetzt sucht Ihr Euch einen Platz, der tagsüber ständig von der Sonne beschienen wird. Dort könnt Ihr Eure Sonnenuhr aufstellen.
4. Macht nun zu jeder vollen Stunde einen Strich dort auf die Pappe, wo der Schatten des Stabes gerade steht. Tragt dann die aktuelle Uhrzeit an diesem Strich ein.
5. Sprecht ab, daß zu jeder vollen Stunde (auch am Nachmittag) ein Strich gemacht wird.

Skizze des Versuchsaufbaus:

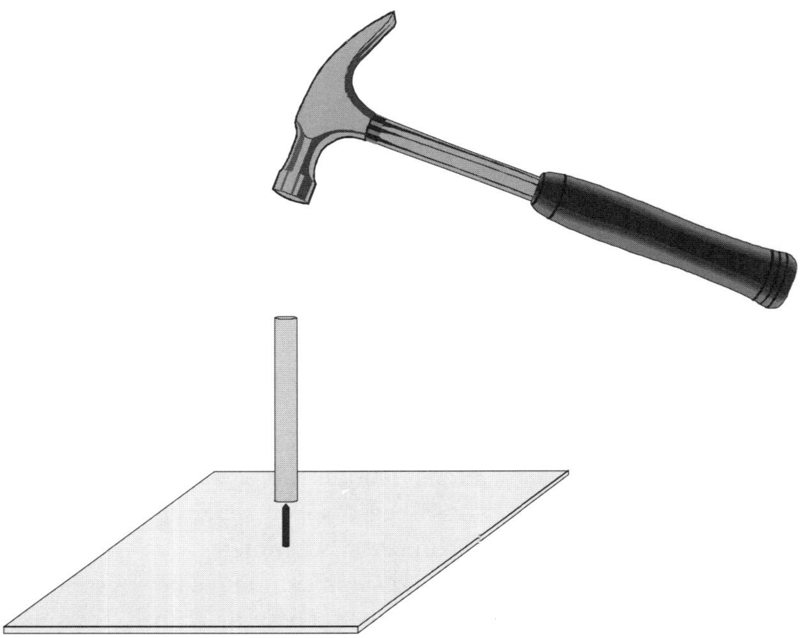

49 *Fallschirmbau*

geeignet für Klasse	Schüler-Experiment (Gruppengröße)	Vorbereitungszeit	Dauer des Experiments	Schwierigkeitsgrad
2 / 3	**(1-2)**	**45 min**	**45 min**	☺☺

benötigtes Material:

Seidenpapier-Quadrate (ca. 30 x 30 cm)
Nähfaden
Scheren
Lineale
Büroklammern, Pfennigstücke und andere kleine Gegenstände
Klebeband

Einbindung in den Unterricht:

Der Fallschirmversuch kann bei der Behandlung des Themas „Luft" eingesetzt werden. Im Unterricht kann der Begriff Fallgeschwindigkeit diskutiert werden.
Der Lehrer kann zu Beginn die Frage stellen, warum Fallschirme Personen langsam und sicher auf dem Boden landen lassen.
Anschließend kann die Anziehungskraft der Erde erwähnt und über den Luftwiderstand gesprochen werden.
Wenn der Fallschirm fällt, fängt sich Luft unter der Fallschirmkappe. Dadurch wird die Luft komprimiert und gegen die Fallschirmkappe gedrückt, so daß der Fallschirm langsam herunterschwebt.
Der Strömungswiderstand verhindert, daß ein Fallschirmspringer schneller als ungefähr 200 km/h nach unten fällt.
Mit Hilfe des im folgenden dargestellten Versuchs wird den Kindern dieses Phänomen veranschaulicht.

Lernziele / didaktische Hinweise:

Die Schüler sollen lernen wie ein Fallschirm funktioniert.
Die Begriffe „Erdanziehungskraft", „Fallgeschwindigkeit" und „Luftwiderstand" sollen eingeführt werden.

Beschreibung des Experiments:

1. Schneide vier Nähfäden ab, die so lang sind wie eine Seite der Seidenpapierquadrate.
2. Klebe an jede Ecke des Seidenpapierquadrats eine Schnur.
3. Halte alle Fäden zusammen und lasse die Fallschirmkappe nach unten hängen. Knote die 4 Fäden in der Mitte (zwischen Fallschirmkappe und Fadenende) zusammen. Überprüfe, ob die Fäden alle in gleicher Höhe verknotet sind.
4. Befestige eine Büroklammer unterhalb des Knotens.
5. Halte den Fallschirm an der Fallschirmkappe hoch in die Luft. Vergewissere dich, daß die Fäden nicht verheddert sind. Lasse den Fallschirm los.
6. Stelle dich auf einen Stuhl oder auf einen Tisch und lasse den Fallschirm von dort aus fallen. Wenn er schwankt, schneide noch ein kleines Loch in die Mitte des Fallschirms.
7. Experimentiere mit dem Fallschirm, indem du Gegenstände unterschiedlichen Gewichts an ihm befestigst.

Skizze des Versuchsaufbaus:

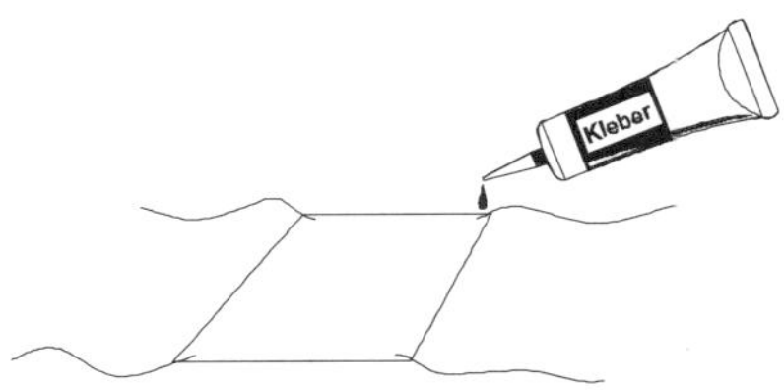

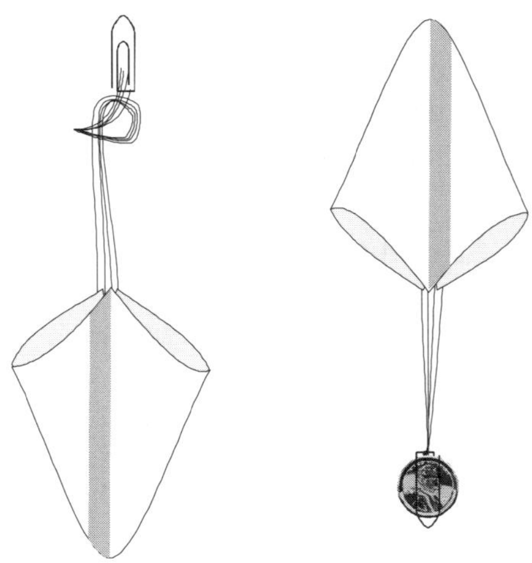

50 *Der Erdnuß-Detektiv*

geeignet für Klasse	Lehrer-/Schüler-Experiment (Gruppengröße)	Vorbereitungszeit	Dauer der Studie	Schwierigkeitsgrad
2 - 4	 **(4-6)**	**5 min**	**30 min**	☺☺

benötigtes Material:

Erdnüsse mit Schale
1 Schüssel
1 Lineal
1 Waage (wenn vorhanden)
1 Schnur
Papier
Stifte

Einbindung in den Unterricht:

Diese Studie kann als Einführung in eine Unterrichtsreihe über Mineralien und Steine im Themengebiet „Natürliche und gestaltete Umwelt“ dienen, aber auch zum Unterthema „Tastsinn“ zum Bereich „Mensch“ sinnvoll eingesetzt werden.
Der Schüler wird befähigt, sein Umfeld genauer zu beobachten und wahrzunehmen.

Lernziele / didaktische Hinweise:

Die Schüler sollen ihre Umwelt bewußter wahrnehmen.
Desweiteren sollen sie lernen, beobachtete Fakten festzuhalten.

Beschreibung des Experiments:

1. Nimm eine Erdnuß aus der Schüssel und betrachte sie genau (Farbe, Oberfläche, Umriß...).
2. Schreibe Deine Beobachtungen auf.
3. Benutze Schnur, Lineal und Waage, um genauere Ergebnisse zu erhalten. Notiere Dir dann diese Fakten.
4. Zeichne die Erdnuß ab.
5. Verstecke jetzt die Erdnuß zwischen den anderen Erdnüssen in der Schüssel.
6. Benutze Deine Notizen, um sie wiederzufinden.
7. Lasse danach auch Schüler aus einer anderen Gruppe die Erdnuß anhand Deiner Aufzeichnungen suchen.
8. Diskutiert nun in Eurer Gruppe, welche Beobachtungen am wichtigsten sind, wenn man die Erdnuß wieder finden will.
9. Teile die Erdnüsse in Deiner Gruppe gerecht auf. Jetzt dürft Ihr die Nüsse essen!

Skizze des Versuchsaufbaus:

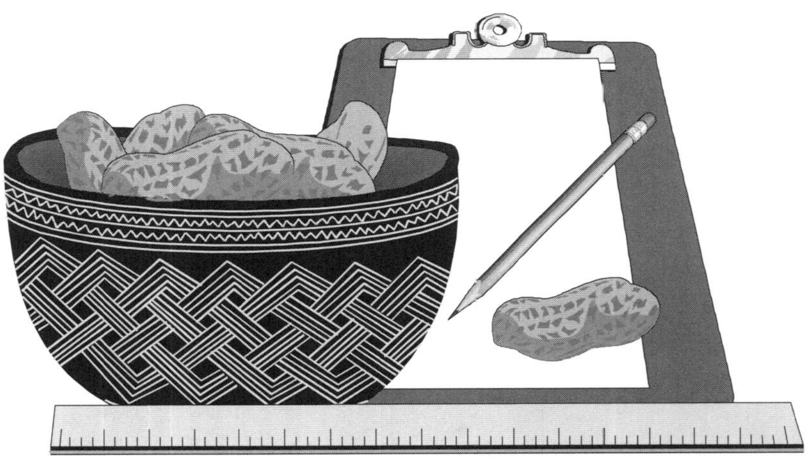

51 *Ist eine Farbe nur EINE Farbe ?*

geeignet für Klasse	Lehrer-/Schüler-Experiment (Gruppengröße)	Vorbereitungszeit	Dauer des Experiments	Schwierigkeitsgrad
3 / 4	/ **(3-4)**	**5 min**	**10 min**	☺☺

<u>benötigtes Material:</u>

1 Plastikbecher
weiße Kaffeefilter
Farbstifte (nicht-permanente)
1 Schere
Wasser

<u>Einbindung in den Unterricht:</u>

Die Chromatographie kann fächerübergreifend mit dem Kunstunterricht behandelt werden, da „Farben“ nach dem Lehrplan kein Sachunterrichtsthema ist.
Der Versuch kann sehr gut mit dem Experiment „Farben mixen“ verknüpft werden.
Im Anschluß können einige Begriffe aus der Farblehre eingeführt werden.

<u>Lernziele / didaktische Hinweise:</u>

Die Schüler sollen die Begriffe „Grundfarbe“ und „Mischfarbe“ kennenlernen.
Nach den Experimenten sollten sie in der Lage sein, alle drei Grundfarben benennen und sich durch Kombination der Grundfarben einige Mischfarben herstellen zu können.
Darüberhinaus sollten die Schüler das Prinzip der Farbentrennung durch Chromatographie verstehen.
Der Lehrer sollte zuvor die Stifte ausprobieren, weil nicht alle für diesen Versuch geeignet sind.

Beschreibung des Experiments:

1. Zuerst schneidet Ihr die Kaffeefilter in schmale Streifen (ca. 2-3 cm breit).
2. Faltet jetzt das Papier so, daß Ihr es über den Rand des Bechers hängen könnt und die eine Seite den Boden des Glases berührt.
3. Nehmt nun den Streifen wieder aus dem Glas und malt einen grünen Strich etwa 4 cm über dem unteren Ende quer über das Filterpapier.
4. Füllt dann den Becher etwa 2 cm hoch mit Wasser.
5. Jetzt könnt Ihr den Streifen in den Becher tauchen. Beobachtet was passiert, wenn der Streifen sich mit Wasser vollsaugt.
6. Tragt danach die Ergebnisse in Euer Arbeitsblatt ein.
7. Ihr könnt nun auch andere Farben ausprobieren.

Skizze des Versuchsaufbaus:

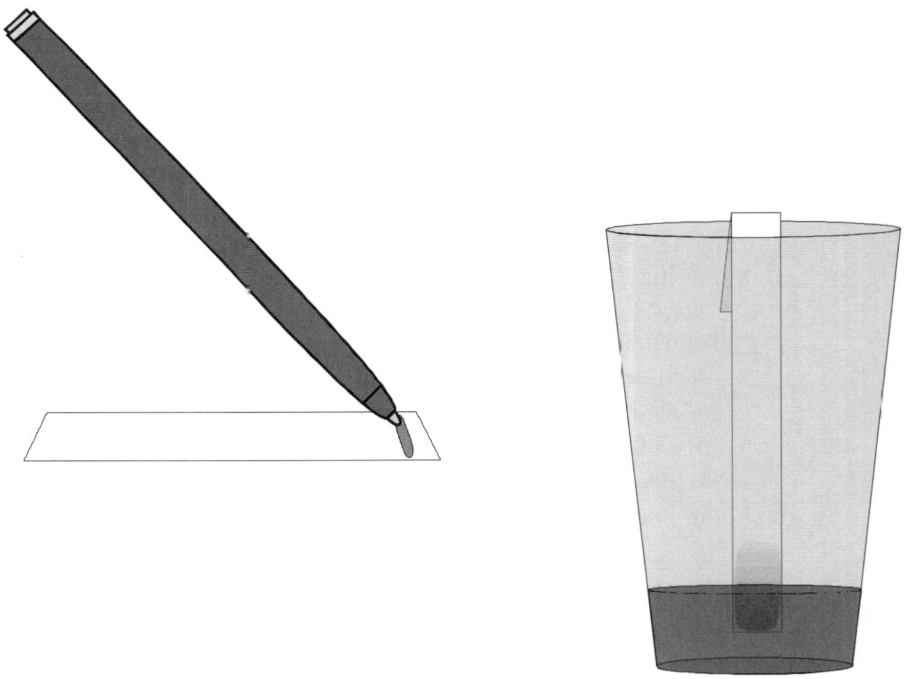

Das Geheimnis der verborgenen Farben

getestete Farbe :	hat sich aufgeteilt in :
grün	

52 *Die Mülldeponie*

geeignet für Klasse	Lehrer-/Schüler-Experiment (Gruppengröße)	Vorbereitungszeit	Dauer des Experiments	Schwierigkeitsgrad
3 / 4		**30 min**	**30 Tage**	☺☺

benötigtes Material:

1 ausgedientes Aquarium
Erde
Wasser
verschiedene Arten von Müll, z.B.
- 1 Plastiktüte
- Papier
- Apfelkitschen
- Eierschalen
- 1 Konservendose

Einbindung in den Unterricht:

Das Experiment ist im Themengebiet „Natürliche und gestaltete Umwelt“ zum Thema „Entsorgung“, oder auch als Unterrichtseinheit zum Schwerpunktthema „Stadt und Land“ einsetzbar. Es eignet sich hervorragend, um den Schülern zu verdeutlichen, daß es Müll gibt, der sich zersetzt, aber auch Müll, der sich ohne Hilfe nicht verringert. Anschließend kann ein Unterrichtsgang durch den Wald gemacht werden, bei dem dann die verschiedenen Arten von Müll eingesammelt werden.

Lernziele / didaktische Hinweise:

Die Schüler sollen lernen, daß es wichtig ist, Müll sachgerecht zu entsorgen und Rücksicht auf ihre Umwelt zu nehmen.
Ziel ist, daß sie erkennen, was für Folgen ihr Verhalten auf die Umwelt hat. Sie sollen lernen, sich umweltbewußt zu verhalten.

besondere Hinweise:

Bereits im Vorfeld des Versuches sollte kontrolliert, ob das Aquarium dicht ist. Der Lehrer sollte bei diesem Versuch darauf darauf achten, daß keine Batterien, Farbeimer, oder ähnliches vergraben werden !

Beschreibung des Experiments:

1. Füllt eine Schicht Erde in das Aquarium.
2. Verteilt nun den Müll auf der Erde. Es darf nicht alles auf einem Haufen liegen!
3. Bedeckt den Müll mit viel Erde. Er darf danach nicht mehr zu sehen sein.
4. Jetzt müßt Ihr alles kräftig gießen, so daß der Boden richtig naß wird.
5. Stellt das Aquarium an einen dunklen Platz, wo es niemanden stört. Am besten in den Keller oder in einen großen Schrank.
6. Einmal in der Woche muß der Müll jetzt kontrolliert und die Ergebnisse auf einem Arbeitsblatt festgehalten werden.

Skizze des Versuchsaufbaus:

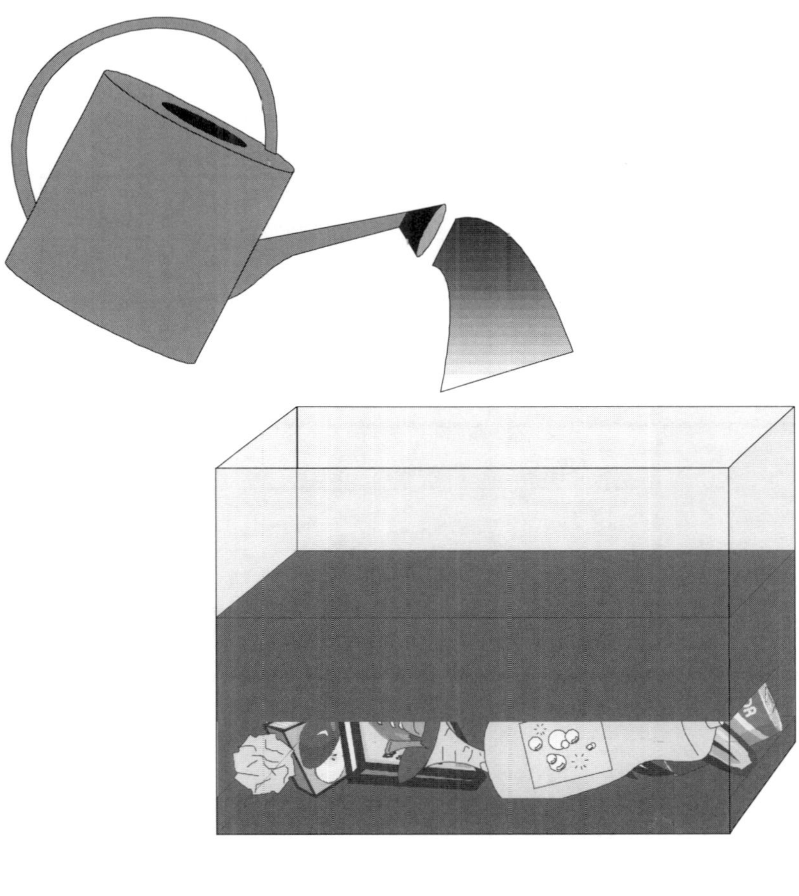

Der verschwundene Müll

In die Tabelle könnt ihr eintragen, was Ihr beobachtet (Manchmal dauert es etwas länger, bis man etwas sieht.)!

Müllart	nach .. Tagen	Veränderung
Plastiktüte	7 Tage	
	14 Tage	
	21 Tage	
	28 Tage	
	7 Tage	
	14 Tage	
	21 Tage	
	28 Tage	
	7 Tage	
	14 Tage	
	21 Tage	
	28 Tage	
	7 Tage	
	14 Tage	
	21 Tage	
	28 Tage	
	7 Tage	
	14 Tage	
	21 Tage	
	28 Tage	

53 *Der Wasserkreislauf*

geeignet für Klasse	Lehrer-/Schüler-Experiment (Gruppengröße)	Vorbereitungszeit	Dauer des Experiments	Schwierigkeitsgrad
3 / 4		**15 min**	**1 Tag**	☺☺

benötigtes Material:

Erde
Wasser
1 kleine Plastikschüssel
1 Aquarium
1 Höhensonne
Plastikfolie
Klebeband

Einbindung in den Unterricht:

Der Versuch eignet sich als Einführung zum Thema „Wasserkreislauf", kann aber auch verwendet werden, um die Begriffe „Atmosphäre" oder „Treibhauseffekt" zu verdeutlichen.

Lernziele / didaktische Hinweise:

Die Kinder sollen begreifen, daß sich unser Wasser immer in einem Kreislauf befindet und der Wasservorrat auf der Erde begrenzt ist.
Die Begriffe „Wasserkreislauf" und „Niederschlag" sollen eingeführt werden.

Beschreibung des Experiments:

1. Baut Euch mit der kleinen Plastikschüssel einen See, indem ihr sie mit Wasser füllt und in das Aquarium stellt.
2. Füllt nun das Aquarium mit der Erde auf, so daß nachher ein der Erde ähnliches Modell mit einem See entsteht.
3. Deckt das Aquarium mit der Plastikfolie ab, so daß es ganz abgeschlossen ist.
4. Klebt dazu die Plastikfolie mit dem Klebeband am Aquarium fest.
5. Jetzt stellt ihr Euer Erdmodell so auf, daß noch etwas Platz daneben ist.
6. Die Höhensonne setzt ihr nun so daneben , daß sie direkt auf die Folie strahlen kann. Achtung der Abstand zwischen Höhensonne und Plastikfolie muß mindestens 1 Meter betragen!

Skizze des Versuchsaufbaus:

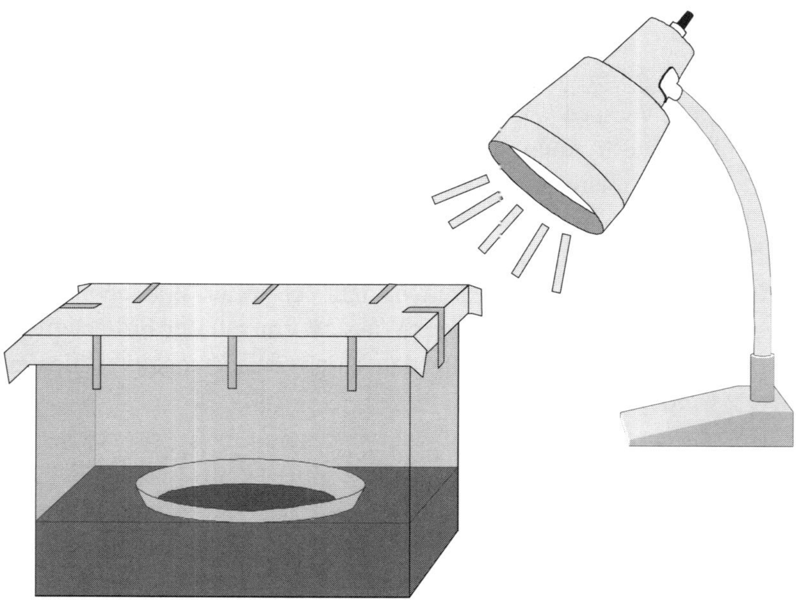

54 *Farben mixen*

geeignet für Klasse	Lehrer-/Schüler-Experiment (Gruppengröße)	Vorbereitungszeit	Dauer des Experiments	Schwierigkeitsgrad
3 / 4	 **(2-4)**	**5 min**	**20 min**	☺☺

benötigtes Material:
3 Reagenzgläser
5 Marmeladengläser oder ähnliche Gefäße
3 Strohhalme
Lebensmittelfarbe (gelb, rot und blau)
Wasser

Einbindung in den Unterricht:
Das Farben mixen kann fächerübergreifend zusammen mit dem Kunstunterricht behandelt werden. Es ist sinnvoll, zuvor zur Einführung der Farbenlehre bzw. der Begriffe Grundfarbe und Mischfarbe den Chromatographieversuch durchzuführen. Nach beiden Versuchen, die Analyse und Synthese von Farbe umfassen, sollte das Herausgefundene besprochen und vertieft werden. Das Arbeitsblatt des Chromatograhieversuchs kann hierzu die Grundlage bilden.

Lernziele / didaktische Hinweise:
Ähnlich des Chromatographie-Versuches sollen hier die Begriffe Grund- und Mischfarbe erlernt bzw. vertieft werden.
Darüberhinaus kann der Schüler hier schwerpunktmäßig nicht nur herausarbeiten, *welche* Farben er mischen muß, um ein bestimmtes Ergebnis zu erreichen, sondern auch *wieviel* der Farben er nehmen muß.
Der Lehrer sollte sich zuvor entscheiden, ob, je nach den motorischen Kompetenzen seiner Schüler, die Mischung nicht besser mit löffelweise geschehen sollte.

Beschreibung des Experiments:

1. Mischen Sie mit Wasser und Lebensmittelfarbe für jede Schülergruppe je ein Glas mit roter, blauer und gelber Flüssigkeit.
2. Teilen Sie den Schülern die 3 Gläser zusammen mit 2 weiteren, leeren Gläsern aus. In die leeren Gläser können die Schüler später Ihre Probelösungen aus den Reagenzgläsern gießen.
3. Geben Sie den Schülern dann die Reagenzgläser und Strohhalme.
4. Erklären Sie den Schülern, wie sie die Strohhalme als Pipette benutzen, um tropfenweise Flüssigkeit in die Reagenzgläser geben zu können. Danach haben die Schüler 5-10 min Zeit, um mit den Farben zu experimentieren.
5. Führen Sie jetzt das Arbeitsblatt ein und fordern Sie die Schüler auf, genau festzuhalten, wieviele Tropfen jeder Farbe benötigt werden, um eine bestimmte andere Farbe herzustellen.
6. Abschließend tragen alle Gruppen ihre Arbeitsergebnisse vor.

Skizze des Versuchsaufbaus:

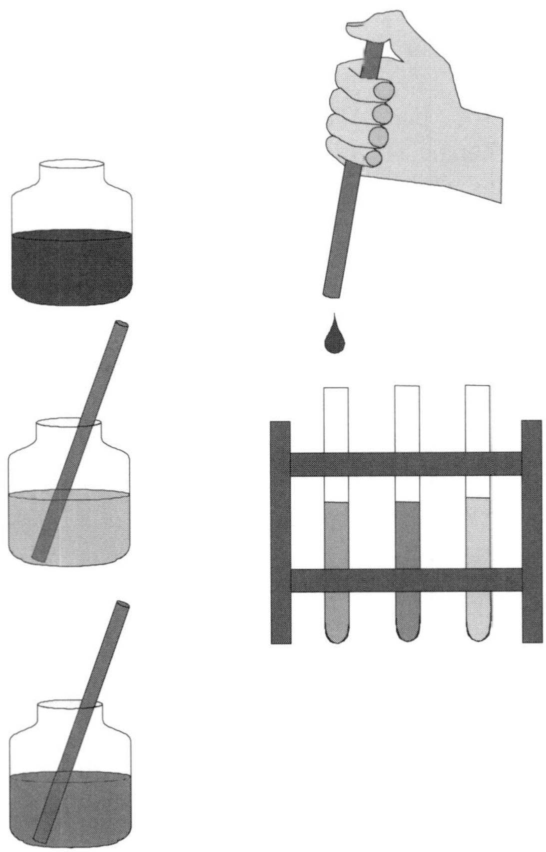

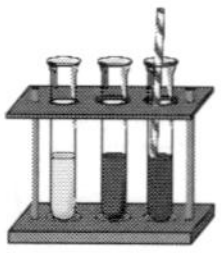

Farben - selbst hergestellt

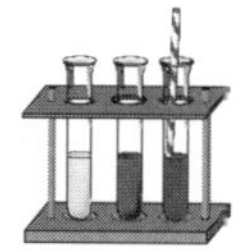

Farbe :	Anzahl der Tropfen		
	gelb	rot	blau

55 *Der schwebende Lehrer*

geeignet für Klasse	Lehrer-/Schüler-Experiment (Gruppengröße)	Vorbereitungszeit	Dauer des Experiments	Schwierigkeitsgrad
3 / 4	 **(8-14)**	**10 min**	**5 min**	☺☺☺

benötigtes Material:
8-14 Plastiktüten ohne Löcher (möglichst gleiche)
2 große, möglichst leichte Tische mit gleich großer Oberfläche

Einbindung in den Unterricht:
Der Versuch verdeutlicht, welche Kraft Luft ausüben kann. Anhand des Experiments kann der Lehrer auf einige pneumatische Geräte eingehen (z.B. Wagenheber). Daher eignet sich das Experiment für die Themenbereiche „Luft“ und „Werkzeuge / Geräte“.
Nutzbringend einsetzbar ist der Versuch wegen seines hohen Unterhaltungswertes gut zwischen zwei trockenen theoretischen Unterrichtseinheiten.

Lernziele / didaktische Hinweise:
Natürlich ist für den Versuch auch ein Schüler als Freiwilliger denkbar, der in der Luft schwebt. Allerdings werden die Schüler mehr Spaß daran haben, wenn ihr Lehrer ‘abhebt’.
Die Schüler sollen anhand des Experimentes erkennen, daß Luft einen bestimmten Raum einnimmt.
Weiterhin sollen die Schüler lernen, daß Luft Kraft ausübt, und daß einige Geräten aus ihrem Alltagsleben sich diesen Umstand zunutze machen.

besondere Hinweise:
Der Lehrer muß darauf acht geben, daß die Schüler sich nicht überfordern, wenn sie in die Tüte pusten.

Beschreibung des Experiments:

1. Plazieren Sie so viele Schüler wie möglich rund um den einen Tisch. Jeder Schüler bekommt eine Plastiktüte, die er vor sich hält, und zwar so, daß sie zur Hälfte auf dem Tisch liegt.
2. Nehmen Sie nun, zusammen mit einigen anderen Schülern, den zweiten Tisch und stellen Sie ihn mit der Tischplatte nach unten auf den ersten Tisch. Achten Sie darauf, daß die Kanten der beiden Tischplatten abschließen.
3. Die Plastiktüten liegen nun zur Hälfte zwischen den beiden Tischen. Fordern Sie die Schüler jetzt auf, ihre Plastiktüte vorsichtig am freien Ende so zusammen zu greifen, daß sie, wie in einem Luftballon, nur in eine schmale Öffnung pusten können.
4. Dann begibt sich der Freiwillige auf den Tisch.
5. Auf ein Kommando pusten alle Schüler gleichzeitig ihre Plastiktüten auf, bis der obere Tisch mit dem Freiwilligen leicht in der Luft schwebt. Je gleichmäßiger die Schüler an allen Seiten pusten, desto besser wird der Tisch sich an allen Ecken erheben.

Skizze des Versuchsaufbaus:

56 ***Sterne, Planeten, Monde***

geeignet für Klasse	Lehrer-/Schüler-Experiment (Gruppengröße)	Vorbereitungszeit	Dauer des Experiments	Schwierigkeitsgrad
3 /4		**10 min**	**5 min**	☺☺

benötigtes Material:
1 Taschenlampe
1 großer, bunter Ball
1 Styroporkugel in Tennisballgröße
1 dünner Holzstab (ca. 30 cm lang)
1 schwarze Decke oder ähnliches
ganz dunkler Raum

Einbindung in den Unterricht:
Das Experiment ist eine gute Einführung in das Thema „Universum“. Nachdem der Lehrer den Unterschied zwischen Planet / Mond und Stern vorgestellt hat, kann er die Schüler auffordern, die ihnen bekannten Gestirne wie Mond, Sonne, Erde, usw. den beiden Kategorien zuzuordnen.

Lernziele / didaktische Hinweise:
Die Schüler sollen den Unterschied zwischen Planet / Mond und Stern verstehen und formulieren können.
Danach sollten sie in der Lage sein, Erde, Mond und Sonne zuzuordnen. Sie sollen ebenfalls den Begriff Mondfinsternis sowie unterschiedliche Mondphasen kennenlernen und die Phänome erklären können.

besondere Hinweise:
keine

Beschreibung des Experiments:

1. Zuerst richten Sie den Klassenraum so her, daß er wirklich komplett dunkel ist. Zum Aufbau des Experiments können Sie natürlich das Deckenlicht anschalten.
2. Stellen Sie zunächst die Taschenlampe auf. Ihr Lichtkegel soll von den Schülern wegscheinen. In Richtung des Lichtscheins, etwa 2m entfernt, plazieren Sie den Gummiball.
3. Verdunkeln Sie die Wand hinter dem Gummiball mit der schwarzen Decke, so daß möglichst wenig Reflexion entstehen kann.
4. Löschen Sie nun das Licht. Befragen Sie die Schüler, ob sie die Taschenlampe oder den Ball sehen können.
5. Schalten Sie dann die Lampe ein. Die Schüler sehen nun die Lampe leuchten und auch den Ball. Befragen Sie sie, was der Unterschied zwischen der Lampe und dem Ball ist.
6. Definieren Sie: Die Lampe leuchtet selber - sie verkörpert einen Stern. Der Ball wird angestrahlt - er stellt einen Planeten dar.
7. Nachdem Sie dies an der Tafel festgehalten haben, können Sie das Licht erneut löschen und die Lampe einschalten. Stellen Sie den Kegel möglichst klein ein, so daß möglichst nur der Ball beleuchtet wird. Stecken Sie nun die Styroporkugel auf den Holzstab und halten Sie die Kugel so hinter den Gummiball. Verändern Sie die Position der Kugel mehrfach, so daß die Schüler ihn gar nicht, halb und ganz sehen können.
8. Stellen Sie nun abschließend die Verbindung zu den Mondphasen her. Alternativ zum Gummiball könnte auch ein Schüler sich dort hinsetzen mit dem Hinterkopf zur Lichtquelle. Wenn der Raum richtet verdunkelt ist und nichts reflektiert, kann der Schüler Halbmond, Vollmond, Mondfinsternis etc. selbst beobachten, wenn Sie die Styroporkugel geeignet vor seinen Augen bewegen.

Skizze des Versuchsaufbaus:

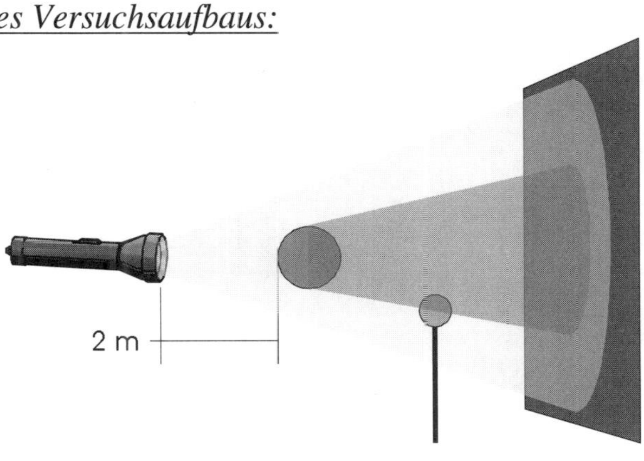

57 *Heiß oder kalt?*

geeignet für Klasse	Lehrer-/Schüler-Experiment (Gruppengröße)	Vorbereitungszeit	Dauer des Experiments	Schwierigkeitsgrad
1 - 4	 **(2-4)**	**10 min**	**5 min**	☺

benötigtes Material:

3 Schüsseln mit Wasser :

1 x sehr warmes Wasser
1 x lauwarmes Wasser
1 x kaltes Wasser

Einbindung in den Unterricht:

Der Versuch kann in den Themenkomplex „Sinnesorgane“, bei der Behandlung des Tastsinns eingebunden werden. Im Anschluß kann der Lehrer die Schüler auffordern, Situationen zusammenzutragen, in denen die Schüler ähnliche Erfahrungen gemacht haben.

Lernziele / didaktische Hinweise:

Die Schüler wissen aus dem Alltag, daß sie mit ihrer Haut Wärme oder Kälte empfinden können. Durch diesen Versuch sollen sie lernen, daß die Einschätzung der Temperatur nicht immer richtig sein muß, da sie durch äußere Einflüsse beeinträchtigt werden kann.
Die Schüler sollen auch Alltagssituationen nennen können, bei denen die Temperaturempfindung gegenüber ihrer normalen verändert ist.
Hinweis: Bei großen Schüsseln können immer zwei Schüler gleichzeitig den Versuch durchführen.

besondere Hinweise:

Nicht zu heißes Wasser verwenden, Verbrennungsgefahr!

Beschreibung des Experiments:

1. Stellt drei Schüsseln nebeneinander auf.
2. Schüttet in eine Schüssel sehr warmes Wasser, in eine andere kaltes Wasser und mischt in der dritten kaltes und warmes Wasser zu lauwarmen Wasser zusammen.
3. In dem Versuch seid Ihr alle nacheinander einmal die Versuchsperson. Die folgenden Anweisungen sollen von jeder Versuchsperson durchgeführt werden.
4. Tauche eine Hand in die Schüssel mit dem sehr warmen Wasser, die andere in die mit dem kalten Wasser, und laß sie eine Minute untergetaucht.
5. Tauche nun beide Hände in die Schüssel mit dem lauwarmen Wasser. Was spürst Du? Spüren beide Hände die gleiche Temperatur?

Skizze des Versuchsaufbaus:

58 *Die trockene Serviette*

geeignet für Klasse	Lehrer-/Schüler-Experiment (Gruppengröße)	Vorbereitungszeit	Dauer des Experiments	Schwierigkeitsgrad
3 / 4	/ **(2-3)**	**2 min**	**2 min**	☺

benötigtes Material:
1 schmales 0,2 l - Glas
1 Serviette
1 etwas größerer Behälter (evtl. altes Aquarium)
Wasser

Einbindung in den Unterricht:
Das Experiment kann für weiterführende Studien zum Thema „Luft“ verwandt werden. Es verdeutlicht, daß Luft Raum benötigt.
Da es den Schülern auch als Zaubertrick angepriesen werden kann, ist der Lehrer in der Lage, seinen Unterricht mit dem Experiment ein wenig aufzulockern. Daher kann es zwischen zwei theoretischen Unterrichtsteilen Verwendung finden.
An den Versuch können sich aber auch weitere Versuche zum Thema „Luft und Raum“ anschließen.

Lernziele / didaktische Hinweise:
Die Schüler sollen lernen, daß Luft einen bestimmten Raum einnimmt. Dies hat zur Folge, daß kein Wasser in das Glas eindringen kann.
Wenn der Lehrer als Zauberkünstler auftritt, wird dies motivatinssteigernd auf die Schüler wirken. Der Zauber-Lehrer sollte die Schüler vorher und nachher die trockene Serviette fühlen lassen.

Beschreibung des Experiments:

1. Zuerst füllt Ihr den großen Behälter mit Wasser. Achtet darauf, daß Ihr ihn nicht zu voll macht.
2. Dann faltet Ihr die Serviette auf und stopft sie in das Glas, so daß sie von alleine stecken bleibt. Die Serviette muß komplett im Glas verschwunden sein und darf mit keinem Stück mehr über den Rand hinausragen.
3. Jetzt dreht Ihr das Glas um und taucht es mit der Öffnung nach unten in das Wasser. Versucht das Glas ganz gerade zu halten ! Laßt es 5 bis 10 Sekunden vollständig untergetaucht.
4. Danach könnt Ihr das Glas ganz vorsichtig und gerade wieder herausholen. Befühlt nun die Serviette !
5. Nun kann der nächste aus Eurer Gruppe diesen Trick probieren. Überlegt derzeit schon, wie es passieren kann, daß die Serviette im Wasser trocken bleibt.

Skizze des Versuchsaufbaus:

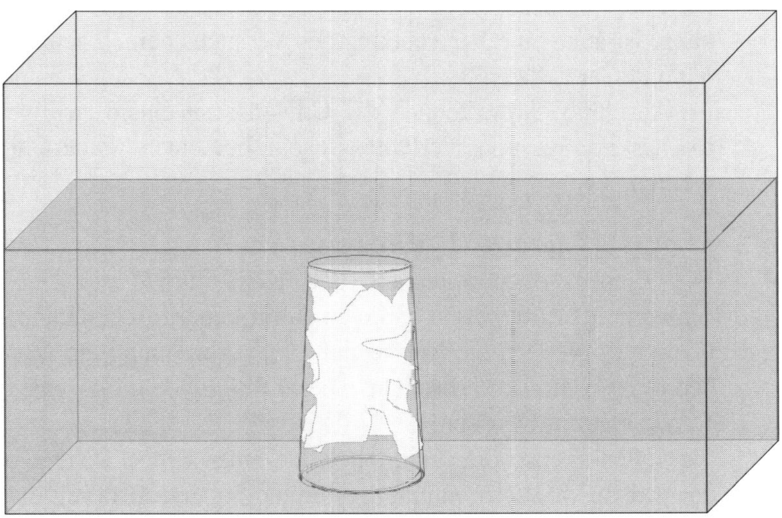

59 *Der Feuerlöscher*

geeignet für Klasse	Lehrer-/Schüler-Experiment (Gruppengröße)	Vorbereitungszeit	Dauer des Experiments	Schwierigkeitsgrad
2 - 4		**15 min**	**5 min**	☺☺

benötigtes Material:

1 Becherglas
Essig
1 Päckchen Backpulver
1 Kerze oder Teelicht

Einbindung in den Unterricht:

Das Experiment kann sowohl im Bereich "Schule und Schulweg", als auch im Bereich "Zu Hause und auf der Straße" verwendet werden.
Da aber im besonderen auf den Feuerlöscher eingegangen werden kann, ist auch eine Verwendung des Versuchs beim Thema „Materiaien und Geräte“ denkbar.
Im Anschluß daran können der Umgang mit einem richtigen Feuerlöscher gezeigt und Verhaltensregeln bei einem Feueralarm geübt werden.

Lernziele / didaktische Hinweise:

Die Kinder sollen erkennen, daß Kohlendioxid ein Gas ist, das schwerer als Luft ist und daß man damit Feuer löschen kann.
Gleichzeitig sollen sie lernen, daß die Verbrennung ein Vorgang ist, der Luft (Sauerstoff) braucht. Dies kann zuvor durch einen anderen Versuch gezeigt werden.
Sie sollen ebenso die Funktionsweise eines Feuerlöschers verstehen, der den für die Verbrennung benötigten Sauerstoff durch die Kohlendioxidzufuhr von der Kerze abschirmt.
Es ist ratsam für den Lehrer, den Versuch vorher einmal auszuprobieren, da es etwas Übung erfordert, die richtige Menge Essig auf das Backpulver zu geben und den optimalen Abstand zwischen Becherglas und Kerze zu finden.

besondere Hinweise:

Der Lehrer sollte auf die Gefahren im Umgang mit einem Feuerlöscher (hoher Druck, ...) hinweisen.

Beschreibung des Experiments:

1. Zünden Sie die Kerze an und stellen Sie sie so hin, daß alle Schüler sie sehen können.
2. Starten Sie nun einen Kontrollversuch, der den Schülern zeigt, daß Luft die Kerze nicht löscht. 'Lassen' Sie dazu viel Luft in das Becherglas und erklären Sie den Kindern, daß Sie das Becherglas mit Luft füllen.
3. 'Gießen' Sie die Luft nun vorsichtig auf die Kerze und sagen Sie Ihren Schülern, daß sie beobachten sollen, was passiert.
4. Streuen Sie nun etwas Backpulver auf den Boden des Becherglases und geben Sie einen Spritzer Essig hinzu.
5. Die Blasen, die entstehen, zeigen, daß sich Kohlendioxid gebildet hat. Außerdem entsteht dabei immer etwas Wasser.
6. Schütten Sie nun wieder vorsichtig etwas von dem Kohlendioxid über die Kerze. Das Gas wird die Flamme löschen. Eventuell brauchen Sie etwas Übung, um die Kerze zu treffen.
7. Beachten Sie, daß auch das entstandene Wasser mit herausfließt. Sie müssen das Becherglas also unbedingt so halten, daß nicht das Wasser, sondern das Gas die Flamme löscht.

Skizze des Versuchsaufbaus:

60 Modell der Erde

geeignet für Klasse	Lehrer-/Schüler-Experiment (Gruppengröße)	Vorbereitungszeit	Dauer des Experiments	Schwierigkeitsgrad
2 - 4	/ **(1-3)**	**2 min**	**10 min**	☺

benötigtes Material:
1 Nektarine
1 Schälmesser
1 Serviette

Einbindung in den Unterricht:
Diese Demonstration könnte als Einführung in den Themenkomplex „Natürliche und gestaltete Umwelt" dienen. Ebenso eignet sich der Aufbau der Erde auch als Weiterführung des Themas „Universum".
Anschließend an dieses Experiment kann der Lehrer das Thema „Vulkane" oder die Geschichte der Erde behandeln.

Lernziele / didaktische Hinweise:
Die Schüler sollen eine Vorstellung über die Proportionen von Kruste, Mantel und Kern des Planeten Erde bekommen.
Sie sollen realisieren, daß nur ein kleiner Teil der Erdoberfläche bewohnbar ist. Daher sollen sie dafür sensibilisiert werden, daß wir dieses Stück Land behutsam nutzen.
Die zweite Seite ist in diesem Experiment nicht als Kopiervorlage gedacht. Erläutern Sie den Schülern Schritt für Schritt das Vorgehen und erklären Sie dabei die Analogien zwischen Frucht und Erde.

besondere Hinweise:
Die Demonstration kann auch von den Schülern selbst durchgeführt werden, falls in der betreffenden Klasse keine Bedenken beim Gebrauch von Messern bestehen.

Beschreibung des Experiments:

1. Schneiden Sie die Nektarine in 2 Hälften. Erklären Sie den Schülern, daß die Größenverhältnisse der Nektarine denen der Erde entsprechen. Die Schale repräsentiert die Erdkruste. Der Erdmantel (geschmolzenes Gestein und anderes Material) wird durch das Fruchtfleisch dargestellt.
   Eine aufgeplatzte Frucht kann der Veranschaulichung eines Vulkans dienen.
2. In der Mitte der Frucht befindet sich eine Vertiefung mit einem Samen. Hierdurch wird der innere und äußere Erdkern repräsentiert. Die Vertiefung steht für den äußeren Erdkern, der sich aus flüssigem Nickel und Eisen zusammensetzt. Der äußere Kern ist aufgrund seiner großen Dichte hauptverantwortlich für die Gravitation. Der innere Erdkern (Samen) besteht aus festem Nickel und Eisen. Durch den enormen Druck ist der Aggregatszustand fest.
3. Da der Ozean ¾ der Erdoberfläche bedeckt, entfernen sie nun die Hälfte der Schale der halben Frucht, die sie in der Hand halten. Das übrig gebliebene Schalenviertel repräsentiert das gesamte, nicht von Wasser bedeckte Land der Erde.
4. Ein weiteres Drittel des Landes ist unbewohnbar, da dieser Teil von hohen Bergen bedeckt ist und es in dieser Höhe zu kalt zum leben ist. Entfernen Sie eine weitere Schalenhälfte der Frucht die sie in der Hand halten, um das übrige Land zu repräsentieren.
5. Noch ein Drittel des übrigen Landes ist unbewohnbar, da es der Wüste angehört und zu heiß zum Leben ist. Entfernen Sie ein weiteres Drittel der Fruchtschale.
6. Nun ist ein winziges Stück Schale übriggeblieben. Von der gesamten Erdoberfläche kann nur ein kleiner Teil von den vielen Menschen und Tieren, die heute leben, bewohnt werden.

Skizze des Versuchsaufbaus:

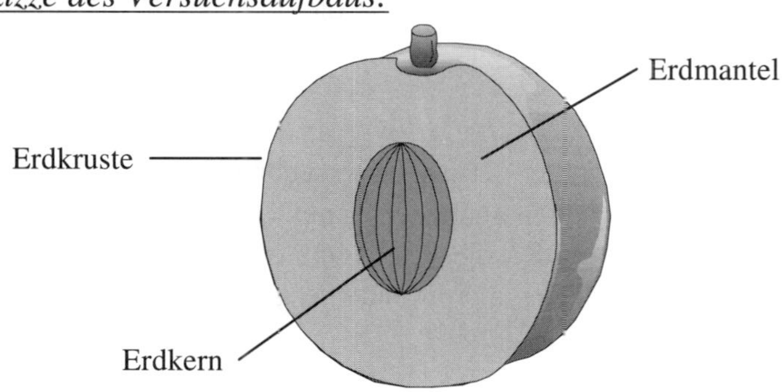

61 *Die Seifenblasen-Ingenieure*

geeignet für Klasse	Lehrer-/Schüler-Experiment (Gruppengröße)	Vorbereitungszeit	Dauer des Experiments	Schwierigkeitsgrad
3 / 4	**(3-4)**	**20 min**	**90 min**	☺☺

benötigtes Material:

zur Vorbereitung für den Lehrer:

Zeitungen zum Abdecken der Tische
240 ml flüssiges Spülmittel
380 ml Wasser
1 Meßbecher oder Meßzylinder
1 Pipette (z. B. Augentropfer)
1 größeres Gefäß zur Mischung der Seifenlauge

für die Klasse:

mindestens 10 verschiedene Materialien zum Seifenblasen machen: z.B. Sieb, kleine Blechbüchse, Winkelmesser, Papier, Kordel, Röhren, Schläuche, Trinkhalme, Tee-Ei, Tür-Gummisperre mit Loch, Blumentöpfe, Pipette, Trichter, Papierbecher, Styroporbecher, Gummibänder, Toilettenpapier, Alufolie, Schere, Drähte....

für jede Schülergruppe:

1 Gefäß mit weiter Öffnung und flachem Boden

Einbindung in den Unterricht:

Dieses Experiment dient dazu, den Schülern zu verdeutlichen, wie in der Technologie gearbeitet wird. Es ist vielseitig im Sachunterricht einsetzbar und kann den Unterricht ein wenig auflockern. Es kann benutzt werden, um den Schülern den Beruf des Ingenieurs näherzubringen.

Lernziele / didaktische Hinweise:

Die Schüler sollen lernen, aus technischen Experimenten Informationen zu erhalten und diese zu nutzen und zu verwerten.
Der Lehrer muß die Seifenlaugemischung zuvor unbedingt ausprobieren. Je nach Spülmittel ergeben sich vollkommen andere Mischungsverhältnisse.

Beschreibung des Experiments:

Vorbereitungen des Lehrers:

1. Mischen Sie aus 250 ml Spülmittel und 380 ml Wasser eine Seifenlauge.
2. Bedecken Sie die Tische mit Zeitungspapier.
3. Füllen Sie die Gefäße der Schülergruppen mit ca. 2 Tassen Seifenlauge und stellen Sie die Gefäße auf die Tische.
4. Breiten Sie die Seifenblasen-Utensilien auf einem Tisch in der Mitte des Klassenraumes aus.
5. Stellen Sie zwei weitere Tische bereit, auf denen die Schüler das Seifenblasen-Material ausstellen können.

Beginn des Unterrichts:

1. Fragen Sie die Schüler: „Wer hat schon einmal Seifenblasen geblasen?" „Was habt ihr dafür benutzt?"
2. Erklären Sie, daß das Ziel des Experimentes ist, herauszufinden, welche Utensilien zum Seifenblasen geeignet sind und welche Art von Seifenblasen mit den Materialien hergestellt werden können.

Arbeit der Schülergruppen:

1. Wählt 8-10 Materialien zur Seifenblasen-Herstellung aus.
2. Haltet alle Beobachtungen schriftlich fest.
3. Testet das Material. Legt das Material mit dem Ihr Seifenblasen herstellen könnt auf den einen, das funktionsunfähige Material auf den anderen freien Tisch.
4. Probiert auch Materialien aus, mit denen andere Schülergruppen keine Seifenblasen herstellen konnten. Überlegt, wie Ihr die Materialien verändern könnt, um mit ihrer Hilfe Seifenblasen herstellen zu können.
5. Mit welchem Material könnt Ihr große, mit welchem Material könnt Ihr kleine Seifenblasen herstellen?
6. Was passiert, wenn Ihr die Größe der Öffnung Eures Materials ändert?
7. Was passiert, wenn Ihr die Länge von röhrenartigen Seifenblasen-Utensilien ändert?
8. Welche Materialien sind am besten zur Seifenblasenherstellung geeignet?

gemeinsame Überlegungen der Klasse:

1. Welche Gemeinsamkeiten haben die geeigneten Utensilien?
   Welche Eigenschaften haben die Materialien, mit denen man große bzw. kleine Seifenblasen herstellen kann?

3. Weshalb kann man mit den anderen Materialen keine Seifenblasen herstellen?
4. Wie kann man aus zunächst ungeeigneten Materialien funktionsfähige Utensilien herstellen?

Arbeit der Schülergruppen:

Erfindet, zeichnet und beschriftet ein optimal funktionierendes Werkzeug zur Herstellung von kleinen und großen Seifenblasen !
Nutzt hierbei die Informationen, die Ihr aus den vorhergehenden Versuchen erhalten habt.
Ingenieure arbeiten nach der gleichen Methode.
Versucht, Eure Erfindung zu basteln.

Skizze des Versuchsaufbaus:

62 *Wie entsteht Schatten ?*

geeignet für Klasse	Lehrer-/Schüler-Experiment (Gruppengröße)	Vorberei-tungszeit	Dauer des Experiments	Schwierig-keitsgrad
1 - 4	 **(6-8)**	**10 min**	**10 min**	☺☺

benötigtes Material:

1 weißes Bettlaken
1 Seil
Reißnägel, Sicherheitsklammern
Diaprojektor
1 runde Pappe in der Größe der Linse des Projektors
1 Holzstab (evtl. ein Eisstiel)
Klebstoff

Einbindung in den Unterricht:

Das Experiment kann beim Thema „Licht“ oder „Universum“ eingesetzt werden. Es verdeutlicht, was Lichtstrahlen sind und wie bzw. warum wir Menschen auf der Erde einen Schatten werfen.
Anschließend an das Experiment kann der Lehrer ein Schaubild an die Tafel zeichnen oder von einem Schüler zeichnen lassen, bei dem Lichtstrahlen als Kreidestriche von einer Quelle weggehen, sich ausbreiten und auf einen Gegenstand treffen. Die Striche, welche auf einen Gegenstand treffen, dürfen natürlich nicht weiterführen (sie symbolisieren den Schatten !).

Lernziele / didaktische Hinweise:

Die Schüler sollen verstehen, daß Schatten nur entstehen kann, wenn ein Gegenstand von einer Lichtquelle bestrahlt wird.
Das Verhältnis zwischen der Größe des Schattens und der Entfernung von der Lichtquelle soll beobachtet und verstanden werden.
Als Auflockerung können anschließend an dieses Experiment einige Fingerschattenspiele gemacht werden, d.h. der Lehrer bildet mit seinen Fingern bestimmte Tiere oder Figuren, die die Schüler erraten müssen.

besondere Hinweise:

Es ist zu beachten, daß die Schüler nicht direkt in die Lichtquelle des Diaprojektors hineinschauen, da es schädlich für die Augen ist.

Beschreibung des Experiments:

1. Zuerst spannt Ihr das Seil durch Euren Klassenraum.
2. Daran befestigt Ihr jetzt mit Wäscheklammern das Bettlaken. Ihr könnt das Bettlaken allerdings auch mit Reißzwecken über dem Türrahmen aufhängen.
3. Stellt nun den Diaprojektor so auf, daß er einen Abstand von ungefähr 2 m vom Bettlaken hat.
4. Jetzt braucht Ihr einen Freiwilligen, der sich zwischen den Diaprojektor und das Bettlaken stellt. Achtet darauf, daß der Projektor noch nicht angeschaltet ist.
5. Beobachtet das Bettlaken.
6. Nun schaltet Ihr den Diaprojektor ein und der Freiwillige stellt sich wieder zwischen Diaprojektor und Bettlaken.
7. Klebt die runde Pappe mit dem Klebstoff an dem Holzstab fest.
8. Haltet die Pappe jetzt direkt vor die Linse des Projektors und bewegt sie langsam von dem Diaprojektor weg.
9. Beobachtet dabei die Größe des Schattens der Pappscheibe.
10. Jetzt könnt Ihr Eure Position noch verändern und herausfinden, wie sich das auf Eure Schatten auswirkt.
11. Dazu stellt Ihr Euch auf einen Stuhl, so daß Ihr von unten angestrahlt werdet oder ihr stellt den Diaprojektor etwas weiter nach links oder ähnliches.
12. Beobachtet dabei immer die Größe und Form des Schattens auf dem Bettlaken.

Skizze des Versuchsaufbaus:

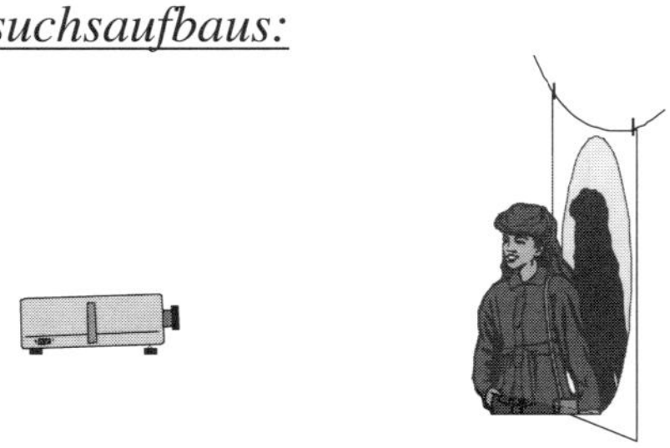

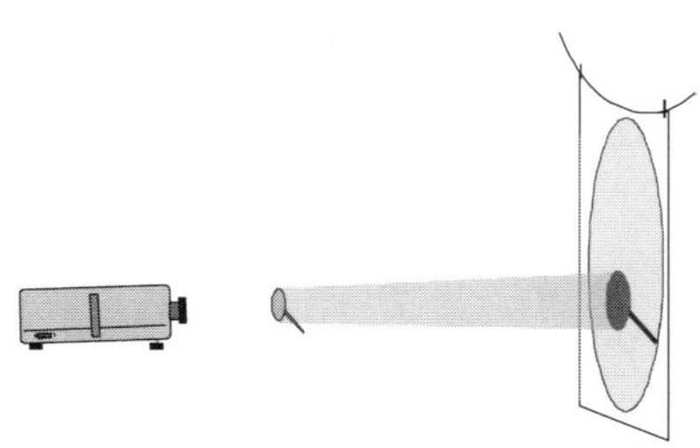

63 *Wir bauen eine Batterie*

geeignet für Klasse	Lehrer-/Schüler-Experiment (Gruppengröße)	Vorbereitungszeit	Dauer des Experiments	Schwierigkeitsgrad
3 / 4	**(2-3)**	**10 min**	**10 min**	☺☺

benötigtes Material:

1 Messer
5 Stücke Kupferblech
5 verzinkte Schrauben
6 Kabelstücke (an den Enden mit Krokodilklammern versehen)
davon 4 Stücke mit einer Länge von jeweils 10 cm
davon 2 Stücke mit einer Länge von etwa 20 cm
1 Leuchtdiode: Low-current (1,6-2 V)
3 Zitronen (Spannungsmesser)
1 schwarzes Stück Pappe

Einbindung in den Unterricht:

„Wir bauen eine Batterie" kann als einführendes Experiment zum Thema „Elektrizität" genutzt werden. Dieses Thema wird im Lehrplan zwar nicht vorgesehen, kann aber in dem Bereich „Materialien und Geräte" besprochen werden.
Als Fortführung kann der Lehrer das Experiment „Reihen- und Parallelschaltung" durchführen.

Lernziele / didaktische Hinweise:

Die Schüler erlernen den Begriff „Stromquelle".
Der Versuch verdeutlicht ihnen, daß auch eine Zitrone als Batterie fungieren kann.
Da die Diode nur sehr schwach leuchtet, muß evtl. der Klassenraum verdunkelt werden.

besondere Hinweise:

Die Kupferbleche haben scharfe Kanten, es ist hier also besonders darauf zu achten, daß die Schüler sich beim Hineinstecken der Bleche in die Zitronen nicht in die Hände schneiden.

Beschreibung des Experiments:

1. Halbiert die Zitronen mit einem Messer.
2. Steckt in jede Zitronenhälfte erst ein Kupferblech in die eine Seite und eine verzinkte Schraube in die andere Seite, so daß die beiden sich nicht berühren.
3. Legt nun die Zitronenhälften in einer Reihe hintereinander.
4. Jetzt nehmt Ihr die fünf kurzen Kabelstücke und verbindet jeweils eine verzinkte Schraube und ein Kupferblech einer anderen Zitronenhälfte mit den Krokodilklemmen.
5. Zum Schluß nehmt Ihr erst das eine längere Kabel und verbindet es mit dem Kupferblech der ersten Zitronenhälfte, dann das andere längere Kabelstück und verbindet es mit der verzinkten Schraube der letzten Zitrone.
6. Die beiden freien Kabelenden klemmt Ihr noch an die Leuchtdiode. Eure Batterie ist fertig.
7. Jetzt haltet Ihr die Leuchtdiode vor die schwarze Pappe. Leuchtet sie nicht, müßt Ihr die Klemmen an der Diode vertauschen.

Skizze des Versuchsaufbaus:

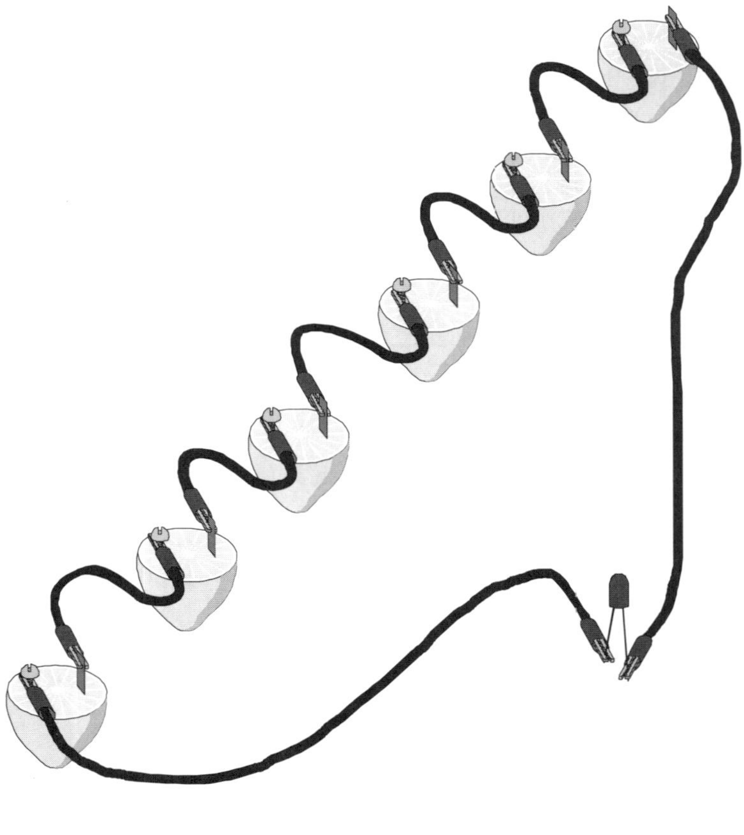

64 *Der Stromkäfer*

geeignet für Klasse	Lehrer-/Schüler-Experiment (Gruppengröße)	Vorbereitungszeit	Dauer des Experiments	Schwierigkeitsgrad
3 / 4	**(2-4)**	**45 min**	**10 min**	☺☺☺

benötigtes Material:

2 1,5 V Batterien
1 3,5 V Glühbirne
1 Glühbirnensockel
1 Schere
1 Abisolierzange
1 Schere
1 Schraubenzieher
4 Toilettenpapierrollen
50 cm Klingeldraht
3 Pfeiffenreiniger
Isolierband
Klebstoff
Aluminiumfolie
bunter Karton, buntes Papier
Buntstifte

Einbindung in den Unterricht:

Das Experiment eignet sich für den Themenbereich „Elektrizität". Die Schüler sollten bereits mit Glühbirne und Batterie vertraut sein. Das Experiment kann als Alternative zum Experiment „Leiter und Nichtleiter" verwendet werden. Es kann fächerübergreifend behandelt werden, da der Käfer im Kunstunterricht gestaltet werden kann.

Lernziele / didaktische Hinweise:

Der Begriff des Stromleiters soll eingeführt werden.
Die Schüler sollen verschiedene Materialien prüfen und klassifizieren. Hierzu kann das Arbeitsblatt aus dem Versuch „Leiter und Nichtleiter" verwendet werden.

Beschreibung des Experiments:

1. Zuerst müßt Ihr die beiden 1,5 V Batterien hintereinanderlegen, so daß ein Minus- und ein Pluspol aufeinandertreffen.
2. Zwischen die beiden Batterien legt Ihr dann ein Stück Aluminiumfolie, das nicht verrutschen darf. Am besten faltet Ihr die Aluminiumfolie über den Pluspol der einen Batterie.
3. Schneidet nun die Drähte zurecht. Ihr braucht einen 25 cm, einen 12 cm und einen 8 cm langen Draht.
4. Die Enden der Drahtstücke müßt Ihr mit der Abisolierzange von ihrer Isolierung befreien.
5. Den langen Draht klebt Ihr jetzt an den Minuspol der hinteren Batterie. Achtet darauf, daß Ihr ihn fest mit Klebeband umwickelt; er darf nicht verrutschen.
6. Den kurzen Draht klebt Ihr an den Pluspol der vorderen Batterie. Das andere Ende macht Ihr auf der anderen Seite des Sockels fest.
7. Schneidet jetzt die vier Toilettenpapierrollen längs in der Mitte durch.
8. Die halbierten Rollen legt Ihr nun um die beiden Batterien herum, so daß sie nicht herumrollen können. Das lange Kabel soll vorne am Pluspol der vorderen Batterie herausschauen.
9. Wenn Ihr alle Rollen um die Batterien herumgelegt habt, dann müßt Ihr das ganze noch mit Klebeband fixieren.
10. Jetzt nehmt Ihr Euch den Draht, der 12 cm lang ist. Diesen Draht macht Ihr am Glühbirnensockel fest. Dafür braucht Ihr den Schraubenzieher.
11. Den Glühbirnensockel drückt Ihr jetzt einfach auf das obere Ende der umwickelten Batterien und befestigt ihn mit Klebeband.
12. Schneidet Euch nun etwas bunte Pappe zurecht. Sie sollte so groß sein, daß man damit die Rolle umwickeln kann. Dann klebt Ihr sie fest.
13. Um die Flügel herzustellen, braucht Ihr noch etwas Pappe. Diese schneidet Ihr dann tropfenförmig aus (siehe Abb.) und klebt sie auf den vorderen Teil des Käfers.
14. Um die Beine des Käfers zu gestalten, könnt Ihr die Pfeiffenreiniger halbieren und unten am Käfer mit Klebeband befestigen.
15. Wenn Ihr wollt, könnt Ihr den Käfer noch bunt anmalen und verzieren.
16. Als letztes müßt Ihr noch die Glühbirne in den Sockel schrauben und Eurer Käfer ist fertig.
17. Versucht nun, die Lampe zum leuchten zu bringen.

Skizze des Versuchsaufbaus:

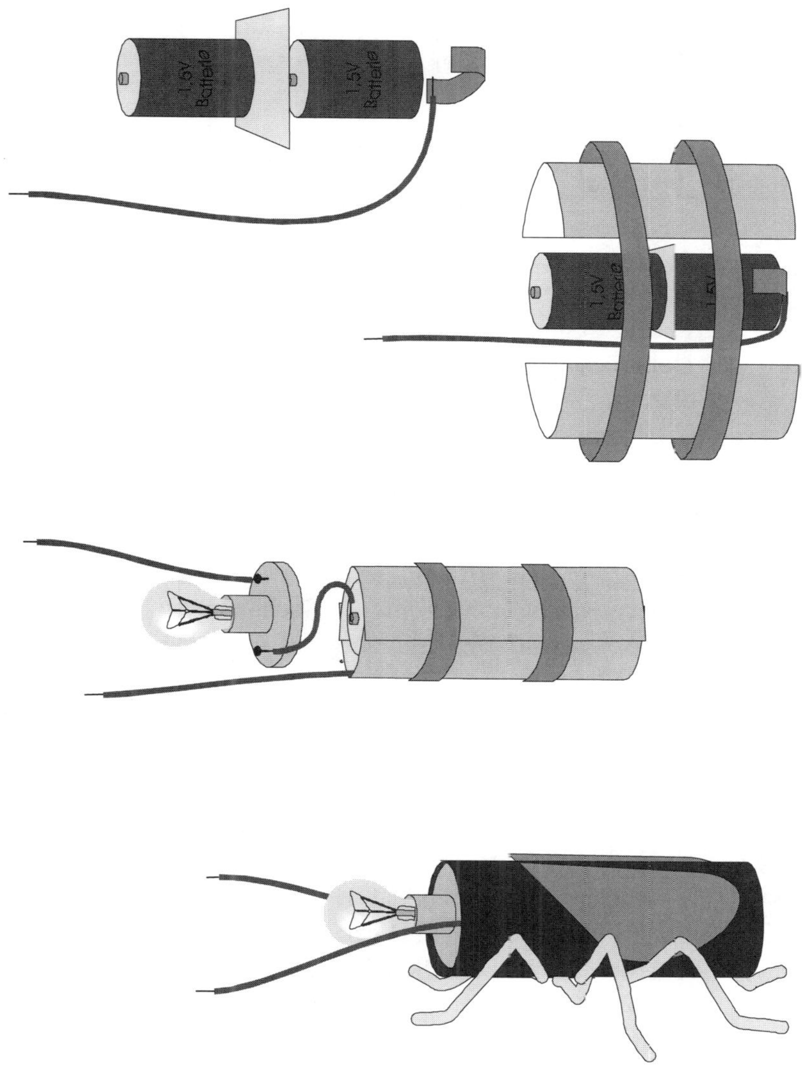

65 *Wärme-Leiter*

geeignet für Klasse	Lehrer-/Schüler-Experiment (Gruppengröße)	Vorbereitungszeit	Dauer des Experiments	Schwierigkeitsgrad
2 - 3	 **(1-3)**	**5 min**	**5 min**	☺

benötigtes Material:

1 Löffel
1 Plastikstrohhalm
1 Holzstöckchen
Butter
1 Trinkglas
3 Büroklammern
heißes Wasser

Einbindung in den Unterricht:

Das Experiment ist vielseitig im Sachunterricht einsetzbar. Es kann z.B. vorbereitend zur Erklärung der Funktionsweise einiger Geräte angewandt werden.
Aufbauend auf diesem Versuch kann im Unterricht besprochen werden, welche Folgen die beobachteten Phänomene im Alltag haben (z. B.: Meßfühler von Thermometern sind aus Metall).

Lernziele / didaktische Hinweise:

Die Schüler sollen lernen, daß Hitze schneller über Metall übertragen wird, als über Plastik und Holz.
Weiterhin können die Schüler lernen, daß Metall stärker erhitzt werden kann bevor es zerstört wird, als dies bei Holz und Plastik der Fall ist. Metall ist also ein sehr guter Wärmeleiter.
Der Lehrer muß beachten, daß Löffel, Strohhalm und Holzstöckchen gleich lang gewählt werden, da das gewünschte Ergebnis ansonsten nicht eintritt.

besondere Hinweise:

Vorsicht vor Verbrühungen mit heißem Wasser und Wasserdampf ist geboten.

Beschreibung des Experiments:

1. Befestige mit Hilfe der Butter jeweils eine Büroklammer an einem Ende des Strohhalms, des Holzstöckchens und des Löffels.
2. Fülle heißes Wasser in das Glas und stelle die „freien“ Enden des Strohhalms, des Holzstöckchens und des Löffels in das Glas. Achtung ! Das Wasser darf nicht zu hoch eingefüllt werden, da sonst der Wasserdampf die Butter schmilzt.
3. Welche Büroklammer fällt als erste hinunter ?
4. Versuche deine Beobachtung zu erklären !

Skizze des Versuchsaufbaus:

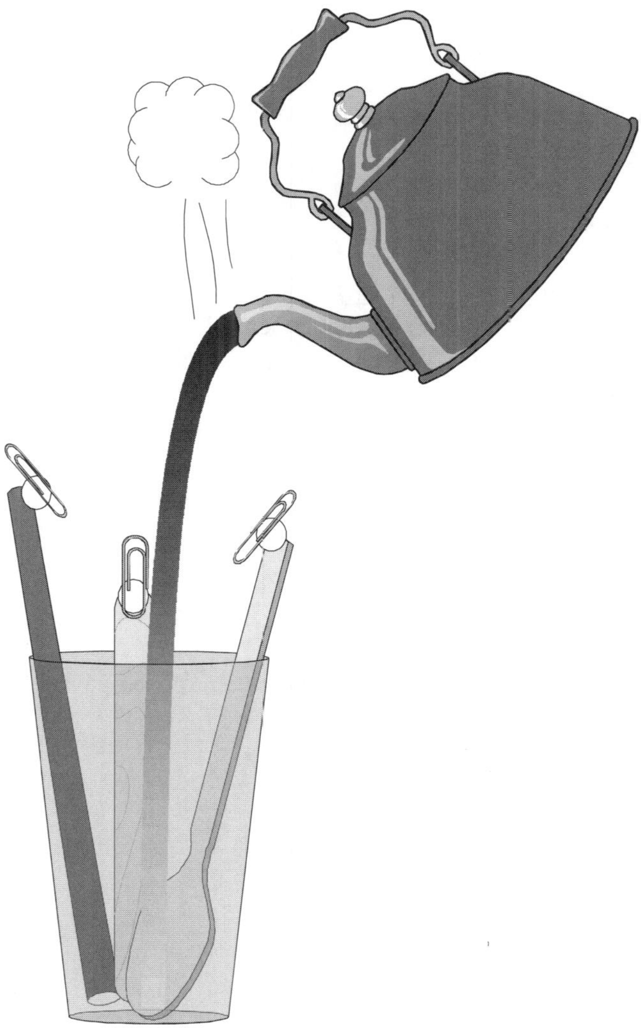

66 *Die Wirkung des Auftriebs*

geeignet für Klasse	Lehrer-/Schüler-Experiment (Gruppengröße)	Vorbereitungszeit	Dauer des Experiments	Schwierigkeitsgrad
2 - 4	**(3-4)**	**10 min**	**20 min**	☺☺

benötigtes Material:
1 Schere
1 2-Liter-Plastikflasche mit Deckel
5 leere Garnspulen aus Plastik
1 Lineal
1 Schüssel, die groß genug ist, um die Plastikflasche zu halten
1 wasserfester Stift
Schnur
Leitungswasser

Einbindung in den Unterricht:
Das Experiment kann im Themenbereich „Wasser" behandelt werden. Es kann verwendet werden, um dem Schüler zu zeigen, was 'Auftrieb' ist, und wie er auf Objekte wirkt. Im Anschluß an das Experiment können Alltagsbeispiele besprochen werden.

Lernziele / didaktische Hinweise:
Der Begriff 'Auftrieb' als eine Eigenschaft des Wassers soll eingeführt werden.
Die Schüler sollen Einblick in die Wirkungsweise der Auftriebs erhalten.
Sie sollten verstehen, daß Gegenstände im Wasser z.B. leichter zu transportieren sind.

Beschreibung des Experiments:

1. Zuerst müßt Ihr den Boden der Plastikflasche vorsichtig mit einer Schere abschneiden.
2. Entfernt das Papier, das sich eventuell noch an den Garnspulen befindet.
3. Schneidet Euch nun ein etwa 45 cm langes Stück Schnur ab.
4. Jetzt hängt Ihr die Schnur so in die Flasche, daß ein ca. 5 cm langes Stück von ihr aus dem Flaschenhals heraushängt.
5. Schraubt den Deckel auf die Flasche.
6. Dreht die Flasche um, führt die Schnur durch die Löcher der Garnrollen, so daß sie aufeinander in der Flasche stehen.
7. Dann setzt Ihr die umgekehrte Flasche in die Schüssel.
8. Ihr müßt die Flasche jetzt mit einer Hand festhalten, so daß sie aufrecht steht. Die Schnur haltet Ihr mit der anderen Hand, so daß auch die Spulen in der Flasche aufrecht stehen.
9. Markiert nun mit dem Stift die Position der obersten Garnspule an der Flasche.
10. Während die Flasche noch immer aufrecht gehalten wird, füllt ein anderer von Euch die Plastikflasche vorsichtig mit Wasser.
11. Markiert erneut die Position der obersten Spule mit einem Stift. Was fällt auf ?

Skizze des Versuchsaufbaus:

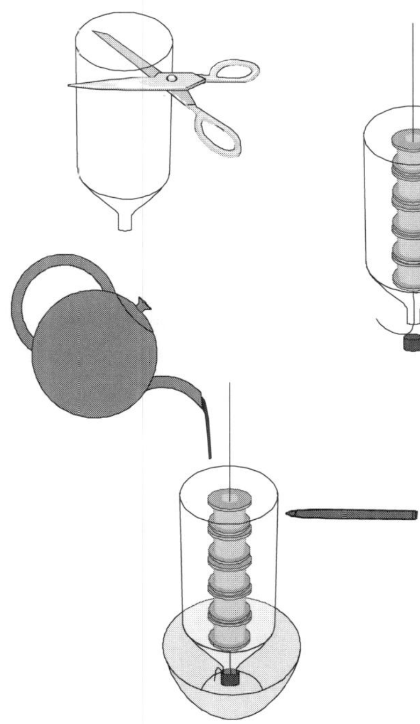

67 *Der Druck des Wassers*

geeignet für Klasse	Lehrer-/Schüler-Experiment (Gruppengröße)	Vorbereitungszeit	Dauer des Experiments	Schwierigkeitsgrad
2 / 3	 **(2-3)**	**5 min**	**5 min**	☺

benötigtes Material:
1 gespitzter Bleistift
1 Pappbecher (ca. 250 ml)
Klebeband
1 Krug (2 l)
Leitungswasser

Einbindung in den Unterricht:
Der Versuch läßt sich in den Themenbereich „Wasser" zur Verdeutlichung des Wasserdrucks einordnen.
Der Versuch kann weiterhin als eine Einführung in die Nutzungsmöglichkeiten des Wassers dienen, da er sehr einfach und anschaulich ist.
Im Anschluß an den Versuch kann der Lehrer die Schüler auffordern, Beispiele zu nennen, wo sie im Alltag dieses Phänomen schon einmal selber bemerkt und beobachtet haben (im Schwimmbad beim Tauchen, die Form von U-Booten, die besonders dafür geeignet ist, großen Druck auszuhalten, usw.).

Lernziele / didaktische Hinweise:
Die Schüler sollen erkennen, daß der Druck des Wassers von der Wassertiefe abhängig ist.
Darüber hinaus sollten sie Alltagsbeispiele benennen können, bei denen der höhere Druck in größerer Wassertiefe eine Rolle spielt.

Beschreibung des Experiments:

1. Bittet Eure Lehrerin oder Euren Lehrer zwei Löcher gleichen Durchmessers in eine Seite des Bechers zu stechen. Das eine Loch soll 7,5 cm vom Boden des Bechers entfernt sein und das andere 2,5 cm und ein kleines Stück nach rechts oder links versetzt.
2. Nun überklebt Ihr die Löcher von außen mit Klebeband.
3. Als nächstes füllt Ihr den Becher mit Wasser und stellt ihn an den Rand eines Spülbeckens.
4. Jetzt könnt Ihr die Klebestreifen wieder entfernen. Damit der Becher immer voll bleibt, müßt Ihr stets Wasser nachgießen. Dazu könnt Ihr den Krug verwenden.
5. Beobachtet, wie weit die beiden Wasserstrahlen spritzen.

Skizze des Versuchsaufbaus:

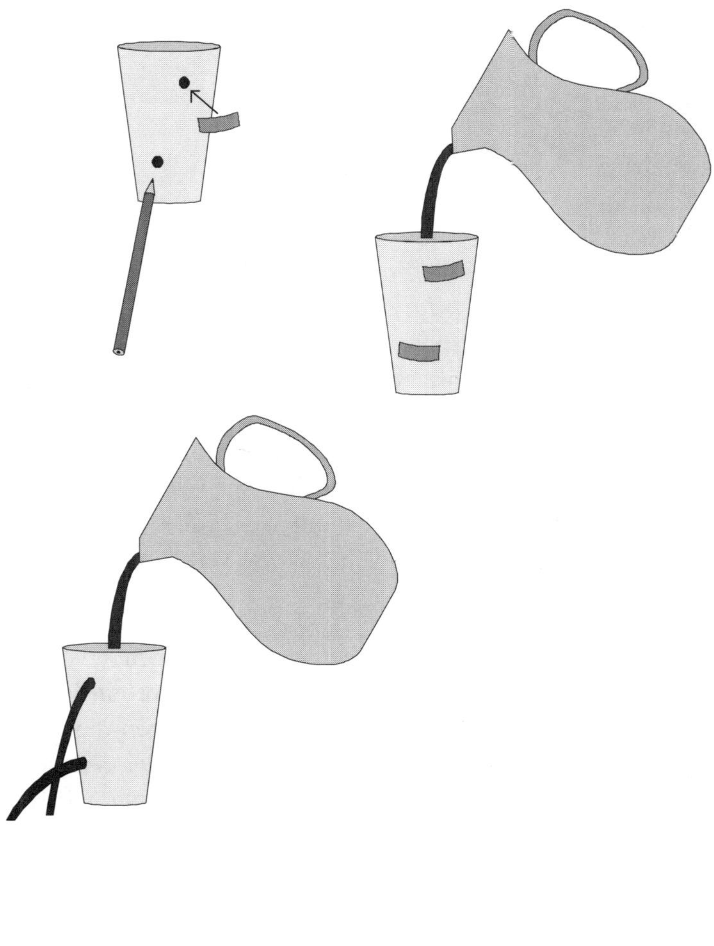

68 *Der Sonne zugetan*

geeignet für Klasse	Lehrer-/Schüler-Experiment (Gruppengröße)	Vorbereitungszeit	Dauer des Experiments	Schwierigkeitsgrad
2 - 3	 **(6-8)**	**30 min**	**21 Tage**	☺☺

benötigtes Material:

Schere
Lineal
1 Karton (ca. 45 x 30 x 22.5 cm)
1 Pappbecher (ca. 250 ml)
Pflanzenerde
½ Teelöffel Getreidesamen (z.B. Roggen, Hafer oder Weizen)
1 Untertasse
Bleistift
Leitungswasser
Klebeband
1 Schwamm
1 Taschenlampe

Einbindung in den Unterricht:

Der Versuch kann bei der Bearbeitung des Themenbereichs „Pflanzen" durchgeführt werden, speziell bei der Erarbeitung der Lebensbedingungen von Pflanzen. Deutlich wird hier, welche Bedeutung das Licht für das Pflanzenwachstum hat.
Anschließend kann der Versuch noch ausgeweitet werden, indem man z.B. untersucht, wie die Pflanzen auf künstliches Licht reagieren oder ob sich andere Pflanzen in gleicher Weise verhalten.

Lernziele / didaktische Hinweise:

Die Schüler sollen die Lebensbedingungen von Pflanzen kennenlernen. Sie sollen verstehen, daß das Licht ein Faktor ist, der das Wachstum von Pflanzen beeinflußt. Sie lernen die Abhängigkeit und die Möglichkeiten sowie die Grenzen der Anpassung von Pflanzen an ihren Lebensraum kennen. Weiterhin müssen sie die Pflanzen versorgen und tragen dafür die Verantwortung.

Beschreibung des Experiments:

1. Schneidet zuerst ein Loch mit einem Durchmesser von ca. 7.5 cm in den oberen Bereich einer Seitenfläche des Kartons.
2. Als nächstes stecht Ihr mit dem Bleistift zwei kleine Löcher in den Boden des Bechers.
3. Füllt nun den Becher bis 5 cm unterhalb des Rands mit Erde und streut die Samen darauf. Darüber kommt nochmals eine 2,5 cm hohe Schicht Erde.
4. Den Becher stellt Ihr auf die Untertasse und befeuchtet die Erde mit Wasser.
5. Anschließend stellt Ihr den Becher zusammen mit der Untertasse in den Karton, und zwar auf die dem Loch gegenüberliegende Seite im Karton.
6. Schließt den Karton und verklebt alle Ritzen lichtundurchlässig mit dem Klebeband.
7. Jetzt könnt Ihr den Karton in der Nähe eines Fensters abstellen, so daß das Sonnenlicht durch die Öffnung in den Karton scheinen kann.
8. Nun müßt Ihr drei Wochen abwarten. Während dieser Zeit müssen die Pflanzen allerdings regelmäßig gegossen werden. Dazu nehmt Ihr den feuchten Schwamm, den Ihr durch die kleine Öffnung hindurch vorsichtig über den Pflanzen ausdrückt, um diese nicht zu beschädigen.
9. Beobachtet das Wachstum der Pflanzen genau indem Ihr den Karton herumdreht und mit der Taschenlampe hineinleuchtet. Schreibt Eure Beobachtungen auf. Achtet darauf, daß der Karton immer wieder in die gleiche Position gestellt wird.

Skizze des Versuchsaufbaus:

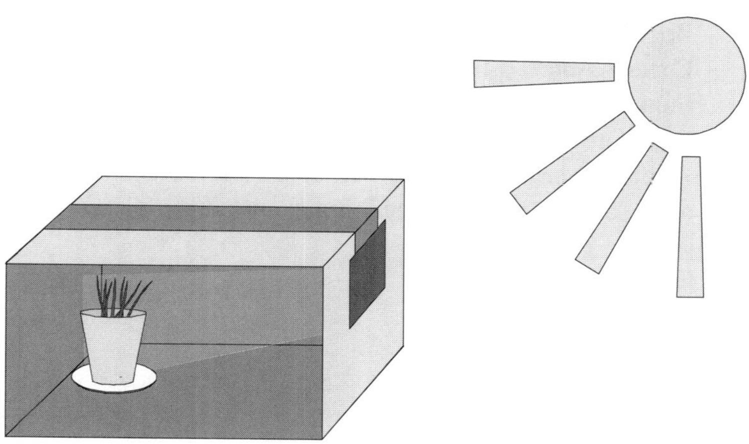

69 *Wieso frieren Pinguine nicht ?*

geeignet für Klasse	Lehrer-/Schüler-Experiment (Gruppengröße)	Vorbereitungszeit	Dauer des Experiments	Schwierigkeitsgrad
2 - 3	 **(4-6)**	**10 min**	**1 Tag**	☺☺

benötigtes Material:

a) 2 Pappbecher (ca. 250 ml)
(Back)fett
2 Thermometer
1 Uhr
1 Kühlschrank

b) weiße und schwarze Pappe
2 Thermometer
Sonnenlicht

Einbindung in den Unterricht:

Das erste Experiment verdeutlicht, daß eine Fettschicht am Körper von Pinguinen (und anderen Tieren) den Wärmeverlust an die Umwelt verringert. Der zweite Versuch zeigt, daß schwarze Gegenstände mehr Lichtstrahlen absorbieren als weiße, darum sind z. B. die Pinguine zum Teil schwarz, um die Energie des Sonnenlichts besser nutzen zu können.
Beide Versuche lassen sich im Themenbereich „Tiere“ verwenden. Es wird klar, daß sich Tiere an ihre Umweltbedingungen angepaßt haben.

Lernziele / didaktische Hinweise:

Die Schüler lernen die Lebensbedingungen von Tieren in kalten Regionen und ihre Anpassung an diese Umwelt kennen.
Ebenso sollen sie verstehen, daß Fett eine wärme-speichernde Funktion hat und daß die Farbe schwarz gut geeignet ist, um Wärme zu absorbieren und zu speichern.
Darüber hinaus sollen die Schüler dafür sensibilisiert werden, daß auch das dickste Fettpolster einmal auskühlt.

Beschreibung des Experiments:

a)

1. Als erstes füllt Ihr einen der Becher mit dem Fett.
2. Nun steckt Ihr das eine Thermometer in den Becher mit dem Fett, so daß sich die Spitze des Thermometers in der Mitte des Fetts befindet.
3. Das andere Thermometer stellt Ihr in den leeren Becher.
4. Bevor Ihr beide Becher in den Kühlschrank stellt, solltet Ihr auf beiden Thermometern die Temperatur ablesen.
5. Eine halbe Stunde lang lest Ihr nun alle drei Minuten erneut die Temperaturen ab.
6. Wiederholt die Temperaturablesung nochmals nach 24 Stunden.

b)

1. Im Anschluß an das erste Experiment faltet Ihr aus der schwarzen und der weißen Pappe zwei kleine Taschen.
2. In diese Taschen legt Ihr nun jeweis ein Thermometer und legt das ganze auf die Fensterbank, so daß die Sonne darauf scheinen kann.
3. Nun lest Ihr auch hier 20 Minuten lang alle drei Minuten die Temperatur auf beiden Thermometern ab.

Skizze des Versuchsaufbaus:

70 *Sonne, Erde, Mond*

geeignet für Klasse	Lehrer-/Schüler-Experiment (Gruppengröße)	Vorbereitungszeit	Dauer des Experiments	Schwierigkeitsgrad
3 / 4	**(6-8)**	**5 min**	**60 min**	☺☺☺

benötigtes Material:

3 Styroporkugeln in entsprechenden Größen für Sonne, Erde und Mond (z.B. 4 cm, 5 cm und 7 cm)
4 Holzrädchen (∅ 3,5 cm) mit mittiger Bohrung (∅ 0,5 cm)
3 runde Holzleisten von jeweils 20 cm Länge (∅ 0,5 cm)
1 leere Garnrolle
1 Spanplatte (20 cm × 20 cm × 0,5 cm)
2 flache, schmale Holzleisten (8 cm und 25 cm lang)
Holzleim

Einbindung in den Unterricht:

Das Experiment kann als Einführung in das Thema „Universum" verstanden werden. Als Weiterführung ist das Experiment „Unser Universum" möglich. Der Lehrer kann anhand dieses Experiments eine Vielzahl von Aspekten zeigen. Die Schüler sollten ausgiebig mit dem gebauten Modell experimentieren dürfen.

Lernziele / didaktische Hinweise:

Die Begriffe Mond, Umlaufbahn und Mondphase können an diesem Experiment verdeutlicht werden. Ebenso soll der Schüler lernen, wie es zu Tag und Nacht kommt, zu Voll- oder Halbmond usw..

Die Schüler sollen die Beziehungen zwischen Sonne, Erde und Mond verstehen und begreifen, daß die Erde sich um die Sonne und der Mond sich um die Erde dreht.

Als Erweiterung kann der Lehrer das Modell verwenden, um die Mondphasen zu erklären. Man läßt einfach eine Lampe von einem festen Punkt auf die Kugel scheinen, die die Erde darstellt. So kann man den Schülern auf anschauliche Art die verschiedenen Phasen des Mondes zeigen.

Beschreibung des Experiments:

1. Zuerst nehmt Ihr die Spanplatte und klebt die Garnrolle aufrecht mit etwas Holzleim auf ihr fest. Es ist wichtig, daß die Garnrolle sehr fest auf dem Brett befestigt und am Rand plaziert wird, damit Euer Modell später besser stabilisiert wird.
2. In die obere Öffnung der Garnrolle steckt Ihr dann eine der Holzleisten. Seid vorsichtig dabei, denn sie kann leicht abbrechen.
3. Jetzt legt Ihr erst einmal zwei von den Holzrädern auf den Tisch. Dann braucht Ihr noch die 8 cm lange, flache Holzleiste. Eure Aufgabe ist es, diese Leiste an den beiden Rädchen zu befestigen.
4. Dazu nehmt ihr das eine Ende der Leiste und klebt sie so fest, daß sie bis kurz vor die Mitte des Rades geht. Dabei müßt Ihr aufpassen, daß das Loch nicht von der Leiste verdeckt wird. Drückt die Leiste dabei 5 Minuten ganz fest mit dem Rädchen zusammmen.
5. Wenn der Leim getrocknet ist, dreht ihr einfach alles so um, daß das Rädchen jetzt über der Leiste liegt.
6. Das andere Ende der Holzleiste macht Ihr nun wie zuvor am anderen Rädchen fest.
7. Mit den anderen Holzrädchen macht Ihr das genauso, nur daß Ihr die beiden mit der längeren Holzleiste verbindet.
8. Jetzt müssen diese Rädchen noch zusammengesteckt werden. Das geschieht so, wie in der Abbildung zu sehen ist.
9. Wenn alles zusammengebaut ist, müssen noch die Planeten auf die runden Holzleisten gesteckt werden. Es ist dabei ganz wichtig, daß die Sonne und der Mond fest auf den Stangen befestigt wird. Die Erde muß sich aber noch drehen können, denn sie dreht sich als einziger dieser drei Himmelskörper, der sich um seine eigene Achse dreht.
10. Dann habt Ihr ein Modell der Sonne, der Erde und des Mondes. Experimentiert nun damit herum. Wie kommt es zu Tag und Nacht, den verschiedenen Mondphasen, etc. ?

Skizze des Versuchsaufbaus:

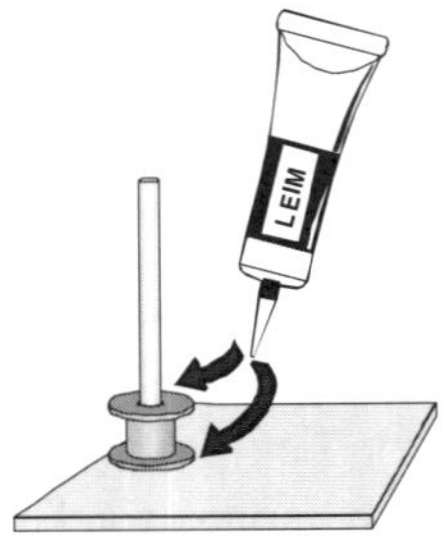

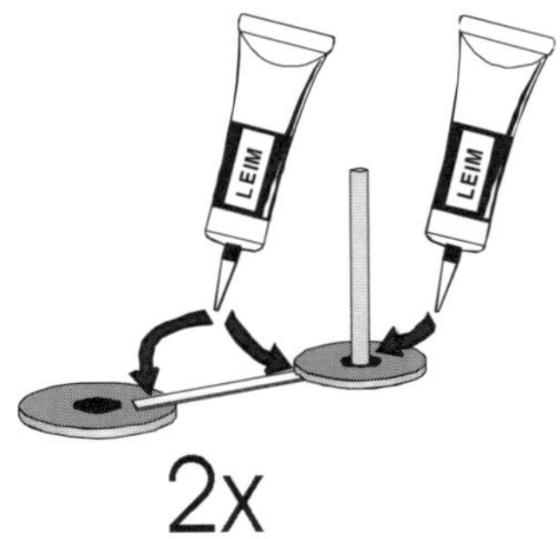

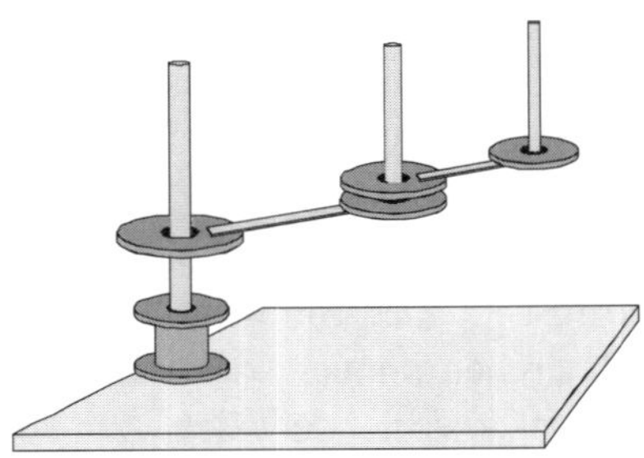

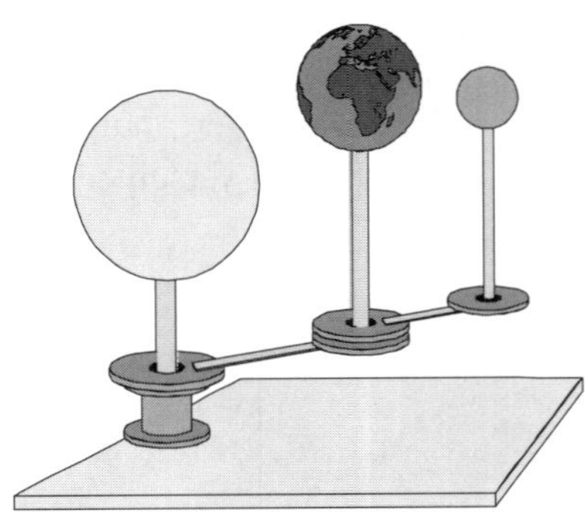

71 *Was ist den Dingen gemeinsam ?*

geeignet für Klasse	Lehrer-/Schüler-Experiment (Gruppengröße)	Vorbereitungszeit	Dauer des Experiments	Schwierigkeitsgrad
2 / 3	 **(4-5)**	**20 min**	**45 min**	☺☺

<u>benötigtes Material:</u>

12 - 15 verschiedene Gegenstände, die ein großes Sortiment an unterschiedlichem Material repräsentieren, wie z.B.:

1 Schere	1 Plastikbecher
1 Taschentuch	1 Plastiklineal
1 Radiergummi	1 Stück Holz
1 Wachsmalstift	1 Blumentopf
1 Korken	1 Stein
1 Nagel	1 Tafelschwamm

1 Socke (möglichst nur aus einem Material gefertigt)

<u>Einbindung in den Unterricht:</u>

Das Experiment läßt sich als Einführung in das Thema „Werkstoff und Werkzeug“ verwenden. Um auf Gefahren bestimmter Stoffe hinweisen zu können, müssen die Schüler erst einmal erkennen, daß viele Dinge aus demselben Material bestehen können. Im Anschluß könnte z.B. auf die Brandgefahr von Papier, Holz und Kleidung hingewiesen werden.

<u>Lernziele / didaktische Hinweise:</u>

Die Schüler sollen Gemeinsamkeiten der Gegenstände erkennen und Gruppen erstellen können, in die sie alle Elemente einordnen, die ähnliche Eigenschaften aufweisen.

Sie sollen lernen, daß Gegenstände, die aus demselben Material hergestellt werden auch ähnliche Eigenschaften besitzen. Außerdem kann auf die Gefährlichkeit einiger Materialien hingewiesen werden.

<u>besondere Hinweise:</u>

Falls die Schüler die Materialien auf die Eigenschaft „Biegsamkeit“ hin untersuchen sollten, müssen sie darauf hingewiesen werden, daß z.B. ein Plastiklineal splittert, wenn es zerbricht.

Beschreibung des Experiments:

1. Zuerst ordnet Ihr die Gegenstände so auf dem Tisch an, daß jeder aus Eurer Gruppe sie sehen kann.
2. Am besten nehmt Ihr jeden einzelnen Gegenstand und benennt ihn.
3. Nun untersucht die Gegenstände auf ihre Eigenschaften hin. Das könnte z.B. ihre Farbe, ihr Gewicht, ihr Material oder ihre Größe sein.
4. Sucht Euch eine Eigenschaft aus, erstellt eine Tabelle und ordnet dann Eure Gegenstände zu.
5. Wenn Ihr mit dieser Liste fertig seid, erstellt ein Blatt, auf dem Ihr die verschiedenen Sachen nach ihrem Material ordnet und in Listen eintragt.
6. Kennt Ihr das Material nicht, aus dem ein Gegenstand gemacht ist, dann tragt es in das Feld „Dinge, bei denen wir nicht sicher sind“ ein.

Skizze des Versuchsaufbaus:

72 *Warm und süß*

geeignet für Klasse	Lehrer-/Schüler-Experiment (Gruppengröße)	Vorbereitungszeit	Dauer des Experiments	Schwierigkeitsgrad
3 / 4		**15 min**	**15 min**	☺☺

benötigtes Material:

3 Reagenzgläser mit Gestell
2 Bechergläser 600 ml
600 ml 10% Saccharoselösung (Rübenzucker $C_{12}H_{22}O_{11}$)
Eis
Bunsenbrenner mit Dreifuß und Asbestdrahtnetz
Thermometer
Wasser

Einbindung in den Unterricht:

Der Versuch kann in den Themenkomplex „Mensch“ bei der Behandlung der Sinnesorgane eingeordnet werden. Den Schülern sollte zuvor bewußt sein, daß mit der Zunge unterschiedliche Geschmacksrichtungen erkannt werden können.

Lernziele / didaktische Hinweise:

Die Schüler sollen lernen, daß die Geschmacksempfindung von der Temperatur des Geschmeckten abhängig ist (z.B. ist die Geschmacksempfindung „süß“ ist Zimmertemperatur am stärksten).
Es ist sinnvoll, den Schülern erst im nachhinein zu sagen, daß im ersten Versuch in allen drei Reagenzgläsern die gleiche Lösung ist, um ihre Geschmacksempfindungen nicht zu beeinflussen.

besondere Hinweise:

Um die Übertragung von Krankheiten zu verhindern, sollte der Lehrer die Pipette vor jeder neuen „Geschmacksprobe“ gut abwischen.

Beschreibung des Experiments:

1. Geben Sie in jedes der drei Reagenzgläser 10 ml Saccharoselösung.
2. Stellen Sie ein Reagenzglas auf Eis, ein anderes lassen Sie bei Zimmertemperatur stehen und das dritte erwärmen Sie im Wasserbad mit dem Bunsenbrenner auf ca. 50 Grad Celsius.
3. Träufeln Sie jetzt mit einer Pipette mehreren Schülern nacheinander die verschiedenen Lösungen auf die Zunge. Die Schüler sollen beschreiben, wie süß sie die unterschiedlichen Lösungen empfinden, d.h. die Rangfolge der Geschmacksempfindung "süß" bestimmen.

Skizze des Versuchsaufbaus:

73 *Unser Universum*

geeignet für Klasse	Lehrer-/Schüler-Experiment (Gruppengröße)	Vorbereitungszeit	Dauer des Experiments	Schwierigkeitsgrad
4	**(7-9)**	**5 min**	**60 min**	☺☺☺

benötigtes Material:

9 Styroporkugeln verschiedener Größe
1 großer gelber Ballon (möglichst einen runden Durchmesser)
2 Holzleisten mit 150 cm Länge
Paketschnur:
    10 Stücke à 30 cm Länge
    1 Stück à 50 cm Länge
Blumendraht
Plakafarbe (in Planetenfarbe)
Pinsel
Zahnstocher
Styropor (zur Ringherstellung)
Zange

Einbindung in den Unterricht:

Dieses Experiment kann als Weiterführung der Einheit „Sonne, Erde, Mond" dienen. An dieses Experiment lassen sich gut Einheiten über die einzelnen Planeten anschließen. Dazu könnte ein Buch über das Sonnensystem angelegt werden mit Daten der jeweiligen Planeten.

Lernziele / didaktische Hinweise:

Die Kinder lernen den Aufbau unseres Sonnensystems kennen und können so aktuelle Ereignisse, wie z.B. die Landung verschiedener Raumschiffe auf Planeten unseres Sonnensystems besser in ihre Lebenswirklichkeit einordnen. Den Kindern sollte die Planetenfolge bekannt sein. Diese kann man sich sehr gut mit folgendem Satz merken:
„Mein Vater erklärt mir jeden Sonntag unsere neun Planeten." Dabei stehen die Anfangsbuchstaben der einzelnen Wörter für den jeweiligen Planeten, wobei die Reihenfolge der Planeten stimmt.

Beschreibung des Experiments:

1. Zuerst nehmt Ihr Euch die 9 verschiedenen Styroporkugeln und ordnet sie den jeweiligen Planeten zu. Beschriftet sie, indem Ihr einen kleinen Zettel mit Tesafilm an die dazugehörigen Planeten befestigt.
2. Nun teilt Euch in kleinere Gruppen auf und befaßt euch jeweils mit einem Planeten. Am besten besorgt Ihr Euch Bilder über den Planeten, damit Ihr eine Vorstellung davon bekommt, wie er aussehen soll.
3. Zum Anmalen verwendet ihr Plakafarbe. Dazu nehmt Ihr die Styroporkugel, die Ihr anmalen wollt und steckt sie auf einen Zahnstocher (Bei den Styroporkugeln, die aus zwei Hälften zusammenzusetzen sind, braucht ihr das natürlich nicht.). So könnt Ihr ohne Pause die gesamte Kugel anmalen, ohne Euch schmutzig zu machen. Laßt danach den Planeten gut trocknen, denn Ihr müßt später mit ihm arbeiten und die Farbe darf dann nicht abgehen.
4. Wenn Ihr einen Planeten mit Ringen habt, müßt Ihr nun beginnen, die Ringe zu basteln. Dazu legt Ihr eine Hälfte der Kugel auf das Styropor und malt ihre Umrisse ab.
5. Der Ring muß allerdings etwas größer sein als die Kugel selbst, daher vergrößert Ihr einfach den aufgemalten Kreis um etwa 1 cm. Malt dann eine zweite Linie darum. Der Abstand zwischen beiden Linien sollte mindestens 3 cm betragen.
6. Die Ringe des Saturn sind sichtbar, die Ringe der anderen Planeten (Jupiter, Neptun, Uranus) dagegen sind dunkel, also muß der eine hell und die anderen dunkel angemalt werden.
7. Laßt die angemalten Planeten und Ringe gut trocknen!
8. Wenn die Ringe trocken sind, knipst Ihr Euch mit der Zange ein Stück Blumendraht ab, das etwa 2 cm länger ist als der Durchmesser des Rings. Nun nehmt Ihr den Ring und steckt das Stückchen Draht vorsichtig in seine innere Seite, so daß man den Draht von außen nicht sieht. Dann steckt Ihr das andere Ende des Drahts auf der gegenüberliegeneden Seite ebenfalls in den Ring (Abb. 1). Es kann sein, daß er sich dabei etwas nach oben verformt. Das macht aber nichts, da er später in der Styroporkugel verschwindet.
9. Jetzt legt Ihr den Ring einfach über die eine Hälfte Eures Planeten und verschließt ihn vorsichtig mit der anderen Hälfte (Abb. 2).

10. Nun müssen die Planeten an den Leisten aufgehängt werden. Dazu braucht Ihr die Zahnstocher und die Paketschnur. Zuerst wird die Schnur an den Planeten befestigt, die aus zwei Hälfen bestehen. Dafür stecht Ihr mit dem Zahnstocher vorsichtig von innen ein Loch in die Styroprokugel (Achtet darauf, daß sich das Loch ungefähr in der Mitte der Halbkugel befindet !). Durch dieses Loch steckt Ihr die Schnur und befestigt daran an der inneren Seite der Kugel den Zahnstocher mit einem Knoten (Abb.3). Mit dem anderen Ende der Schnur wird der Planet später an der Holzleiste befestigt.
11. Bei den Kugeln, die man nicht teilen kann, wird die Schnur anders befestigt. Ihr nehmt euch ein 3 cm langes Stück Blumendraht und biegt es in Hufeisenform. An der oberen Seite befestigt Ihr die Schnur mit einem Knoten. Dieses Drahtstück steckt Ihr nun in den Planeten hinein. Drückt dabei ruhig etwas fester, damit es auch nicht wieder herausrutscht (Abb. 4).
12. Bevor Ihr die Planeten aufhängen könnt, müssen noch die beiden Leisten zu einem Kreuz verbunden werden. Dazu legt Ihr sie genau übereinander und dreht die eine nun so, daß es wie ein Kreuz aussieht. Um sie richtig zu befestigen, nehmt Ihr jetzt die Paketschnur und wickelt sie mehrmals fest um die beiden Leisten. Achtet darauf, daß sie auch wirklich dicht aneinanderliegen !
13. Damit wir die Planeten an den Leisten befestigen können, müssen sie erst in die richtige Reihenfolge gebracht werden.
14. Auf der Abbildung 5 seht ihr, wie das fertige Planetensystem später aussehen soll. Dazu befestigt ihr den ersten Planeten (Merkur) an einer beliebigen Leiste und zwar ziemlich nah an der Mitte (da kommt später die Sonne hin). Jetzt geht ihr einfach im Uhrzeigersinn um die Leisten und befestigt Venus, Erde, usw. jeweils wieder an einer anderen Leiste. Dabei müßt ihr immer etwas mehr Abstand von der Mitte haben, als beim Planeten zuvor.
15. Als letztes wird nun die Sonne angebracht. Der gelbe Ballon wird aufgeblasen, die Paketschnur mit einem Knoten an ihm befestigt und er wird mit dem längeren Stück Schnur (etwa 50 cm) in der Mitte festgemacht.

Eurer Planetensystem ist fertig. Wenn ihr es an die Decke hängen wollt, fragt ihr am besten euren Hausmeister, ob er es für euch macht.

Skizze des Versuchsaufbaus:

Abb. 1

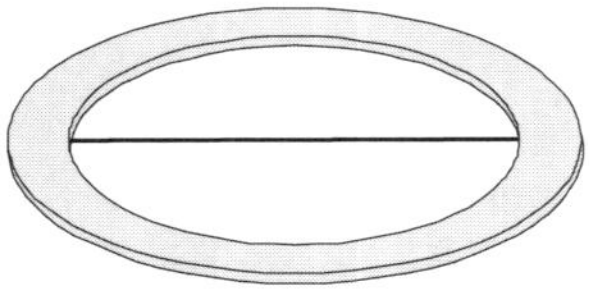

Abb. 2

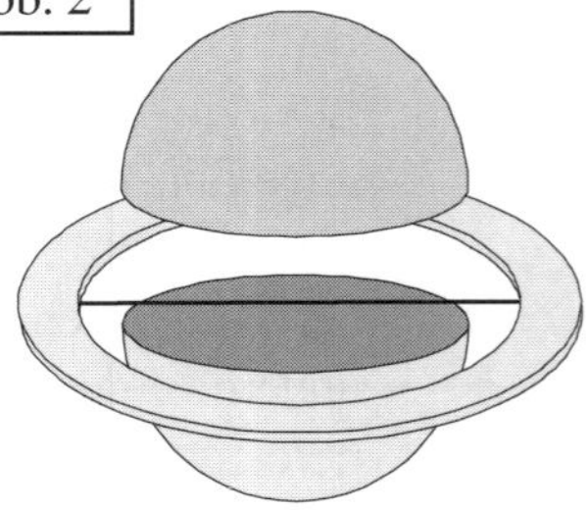

Abb. 3

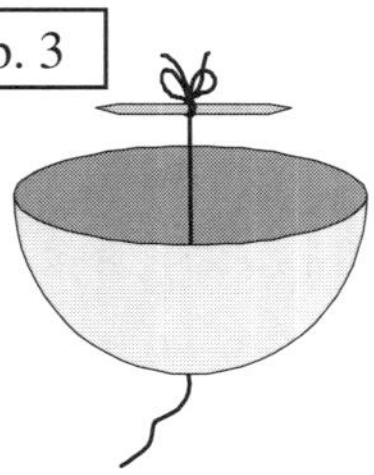

Abb. 4

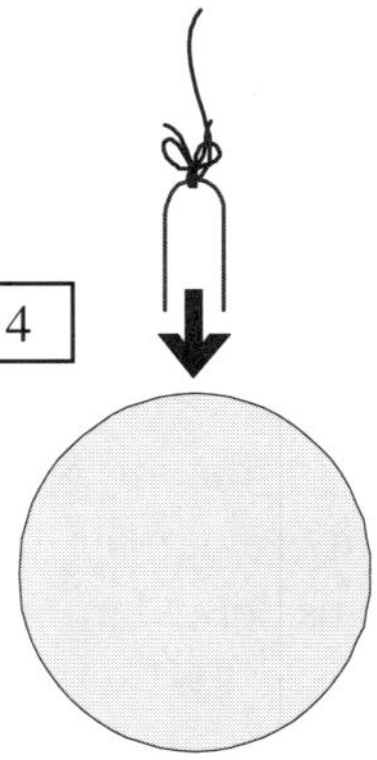

Abb. 5

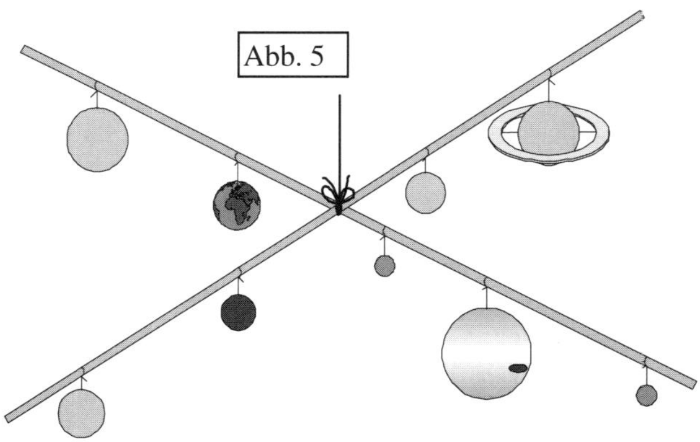

74 *Die Zuckertrommel*

geeignet für Klasse	Lehrer-/Schüler-Experiment (Gruppengröße)	Vorbereitungszeit	Dauer des Experiments	Schwierigkeitsgrad
3 / 4	**(4-6)**	**10 min**	**5 min**	☺

benötigtes Material:

1 Keksdose (möglichst mit großer Öffnung)
1 Holzlöffel
1 Luftballon
1 Backblech
1 langes Gummiband
Schere
Zucker

Einbindung in den Unterricht:

Der Versuch kann bei der Erarbeitung des Themas „Schall“ durchgeführt werden. Er ist zur Einführung in den Themenbereich geeignet, weil er verdeutlicht, wie Geräusche im Raum durch Schall-wellen verbreitet werden. Die Schallwellen sind zwar nicht für das Auge sichtbar, aber man kann ihre Existenz beweisen indem man die Auswirkungen von Schallwellen sichtbar macht.
Anhand des Versuchs kann auch auf den Aufbau des Ohres eingegangen werden, da sich der Luftballon analog zum Trommelfell verhält.

Lernziele / didaktische Hinweise:

Die Schüler sollen lernen, daß Geräusche sich durch Schallwellen verbreiten. Sie sollen angeben können, wie man Schallwellen durch ein Experiment auch für das Auge erfahrbar machen kann.
Weiterhin sollen die Schüler erkennen, daß Schallwellen verschiedener Geräusche ganz unterschiedlich sein können, und daß auch die Entfernung einer Geräuschquelle eine Rolle spielt.

Beschreibung des Experiments:

1. Zuerst schneidet Ihr den Zipfel des Luftballons großzügig ab.
2. Zieht dann das restliche Stück über die offene Keksdose und befestigt es mit dem Gummiband.
3. Darauf streut Ihr jetzt etwas Zucker.
4. Nun haltet Ihr das Backblech darüber und und schlagt mit dem Holzlöffel darauf. Ihr könnt das Backblech mal näher und mal weiter weg von der Keksdose halten.
5. Beobachtet, was mit den Zuckerkörnchen passiert, wenn Ihr das Backblech schlagt.

Skizze des Versuchsaufbaus:

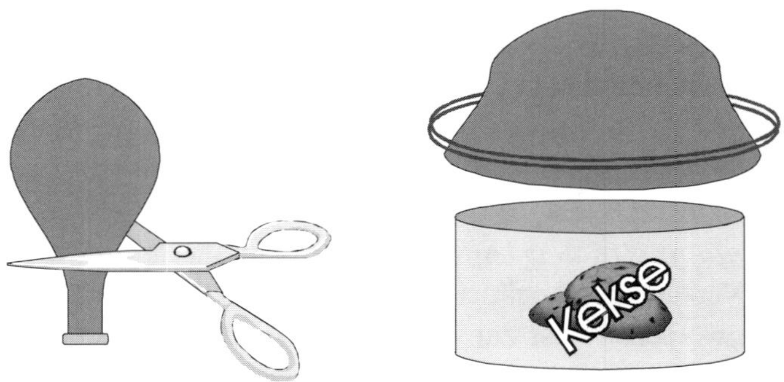

75 **Schmeckt´s ?**

geeignet für Klasse	Lehrer-/Schüler-Experiment (Gruppengröße)	Vorbereitungszeit	Dauer des Experiments	Schwierigkeitsgrad
2 / 3	**(2)**	**15 min**	**20 min**	☺

benötigtes Material:

Tücher zum Augenverbinden
Wäscheklammern
viele Häppchen zum Probieren, z.B.:
Apfel, Blumenkohl, Kartoffel, Zwiebel

Einbindung in den Unterricht:

Der Versuch kann in den Themenkomplex „Mensch“, speziell bei der Behandlung der Sinnesorgane bzw. des Geschmackssinns, eingeordnet werden. Den Schülern sollte zuvor bewußt sein, daß mit der Zunge unterschiedliche Geschmacksrichtungen erkannt werden können.

Lernziele / didaktische Hinweise:

Die Schüler sollen lernen, daß die Geschmacksempfindung durch Geruchsempfindung und visuelle Wahrnehmung unterstützt wird. Diese Erkenntnis kann in Alltagserfahrungen wiedergefunden werden, z.B. schmeckt man weniger, wenn man Schnupfen hat.

Der Lehrer sollte die Schüler anhalten, zwei Versuchdurchgänge durchzuführen, so daß jeder Schüler der Zweiergruppen einmal füttert und einmal schmeckt. Hierzu sollte der Lehrer für den zweiten Durchgang eine zweite Ladung Testobjekte bereithalten, die der Schüler, der im ersten Durchgang gefüttert hat, noch nicht sieht. Sonst besteht die Möglichkeit, daß er anhand der Form das Objekt bestimmen kann.

Beschreibung des Experiments:

1. Bestimmt, wer von Euch die erste Versuchsperson ist und wer den Versuch durchführt.
2. Verbinde der Versuchsperson die Augen und klemme ihr vorsichtig die Nase mit einer Wäscheklammer zu (wahlweise kann die Nase auch fest zugehalten werden).
3. Stecke der Versuchsperson nach und nach kleine Kostproben in den Mund. Zuerst ein Kartoffelstück, dann ein Stück Apfel usw.. Lasse die Versuchsperson erraten, welche Speise Du ihr gegeben hast.
4. Tauscht die Rollen !
5. Findet im Klassengespräch heraus, weshalb die Versuchspersonen Schwierigkeiten bei der Bestimmung der Speise hatten.

Skizze des Versuchsaufbaus:

76 *Der Überraschungsgarten*

geeignet für Klasse	Lehrer-/Schüler-Experiment (Gruppengröße)	Vorbereitungszeit	Dauer des Experiments	Schwierigkeitsgrad
2 - 4	 **(1-2)**	**30 min**	**3-5 Wochen**	☺☺

benötigtes Material:

1 Kiste mit feuchter Gartenerde

2 große, alte, partnerlose Wollsocken

Einbindung in den Unterricht:

Der Versuch kann in das Thema „Pflanzen" einführen. Er stellt den direkten Bezug zwischen Pflanzen und der Lebenswelt der Schüler her.

Anschließend können bekanntere Pflanzen aus den Überraschungsgärten bestimmt werden, so daß die Kinder mit Erscheinungsbildern von heimischen Pflanzen vertraut werden.

Lernziele / didaktische Hinweise:

Die Schüler sollen lernen, daß sich Pflanzen durch kleine Samen vermehren, die auf vielfältige Arten, wie z.B. Schuhe, Wind, Tiere... verbreitet werden. Aus diesem Grund wachsen Pflanzen auch an Stellen, an denen sie nicht eingepflanzt worden sind.

Hinweis: Der Versuch sollte im Frühling auf einer Blumenwiese durchgeführt werden ! Jeder Schüler kann seine eigene Kiste haben, die er vielleicht auch mit nach Hause nimmt und dort versorgt.

Beschreibung des Experiments:

1. Ziehe die dicken Wollsocken an und laufe damit über die Wiese.
2. Ziehe die Wollsocken vorsichtig wieder aus und lege sie in die Kiste mit Erde.
3. Gib nun so viel Erde über die Socken, daß sie gut verdeckt sind.
4. Stelle Deine Kiste nun an einen sonnigen Platz (z.B. auf die Fensterbank) und sorge dafür, daß die Erde immer gut feucht bleibt.
5. Beobachte, was in der Kiste passiert.

Skizze des Versuchsaufbaus:

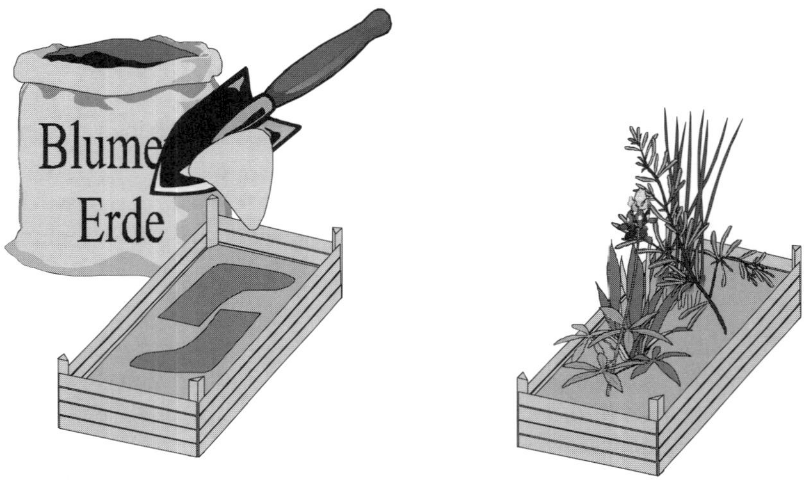

77 *Was ist Photosynthese ?*

geeignet für Klasse	Lehrer-/Schüler-Experiment (Gruppengröße)	Vorbereitungszeit	Dauer des Experiments	Schwierigkeitsgrad
4	**(4-6)**	**2 Tage**	**5 min**	☺☺

benötigtes Material:

1 Standzylinder
1 Reagenzglas
1 großer Glastrichter
1 Stativ mit Klemme
Holzspan
Streichhölzer
Wasser
Mineralwasser (kohlensäurehaltiges Wasser)
Wasserpest (Elodea spec.) oder Tannenwedel (Hippuris vulgaris L.) oder Tausendblatt-Arten (Myriophyllum spec.)

Einbindung in den Unterricht:

Der Versuch kann im Themenbereich "Natürliche und gestaltete Umwelt" zum Thema „Pflanzen“ behandelt werden. Anhand des Versuches können die Grundmerkmale der Photosynthesefunktion von Pflanzen besprochen werden, die durch weitere Versuche verdeutlicht und vertieft werden sollten. Zuvor sollte ein Versuch durchgeführt werden, der zeigt, daß bei einer Verbrennung Sauerstoff benötigt und verbraucht wird.
Im Anschluß kann weiterhin die ökologische Bedeutung des Versuchs angesprochen werden (Die Bäume ‘erneuern’ unsere Luft ...).

Lernziele / didaktische Hinweise:

Die Schüler sollen lernen, daß Pflanzen Sauerstoff ausscheiden.
Desweiteren sollen sie lernen, daß für den Ablauf der Photosynthese Licht notwendig ist.
Hinweis: Bezeichnungen der Geräte besprechen !
Die eine Hälfte der Projektgruppen soll ihre Versuchsanordnung im Hellen, die andere Hälfte im Dunklen aufstellen.

Beschreibung des Experiments:

1. Gebt ca. 100 ml Mineralwasser in den Standzylinder und füllt ihn dann mit Leitungswasser bis kurz unter den Rand auf.
2. Legt nun einige Sprossen der Wasserpflanze in den Standzylinder und stülpt den Glastrichter darüber, so wie es in der Versuchsanordnung gezeigt ist.
3. Füllt ein Reagenzglas bis zum Rand mit Wasser. Verschließt es mit dem Daumen, dreht es um und steckt es über das Ablaufrohr des Trichters, so daß das gesamte Wasser im Reagenzglas bleibt und keine Luft eindringt. Klemmt das Reagenzglas am Stativ fest.
   Gruppe 1: Stellt den Versuchsaufbau in das direkte Sonnenlicht oder unter eine starke künstliche Lichtquelle und laßt ihn dort 2 Tage stehen.
   Gruppe 2: Stellt den Standzylinder in den Schrank oder an einen anderen dunklen Ort, und laßt ihn dort 2 Tage stehen.
4. Beobachtet, was in der Versuchsanordnung passiert ist und vergleicht sie mit der Versuchsanordnung der anderen Gruppe.
5. In welchen Versuchsanordnungen hat sich im Reagenzglas Gas angesammelt?
   Prüft nach, ob es sich bei dem entwickelten Gas um Sauerstoff handelt, indem ihr einen glimmenden Holzspan in das Reagenzglas haltet. Entzündet er sich, ist das ein Anzeichen für Sauerstoff. ACHTUNG: Bei der Sauerstoffprobe müßt ihr darauf achten, daß das Gas nicht aus dem Reagenzglas entweicht, bevor ihr den Glimmspan in das Reagenzglas haltet. Verschließt deshalb solange die Öffnung des Reagenzglases mit dem Daumen.
6. Überlegt im Klassengespräch, woher das Gas kommen kann und warum es nicht bei allen Versuchsaufbauten entstanden ist.

Skizze des Versuchsaufbaus:

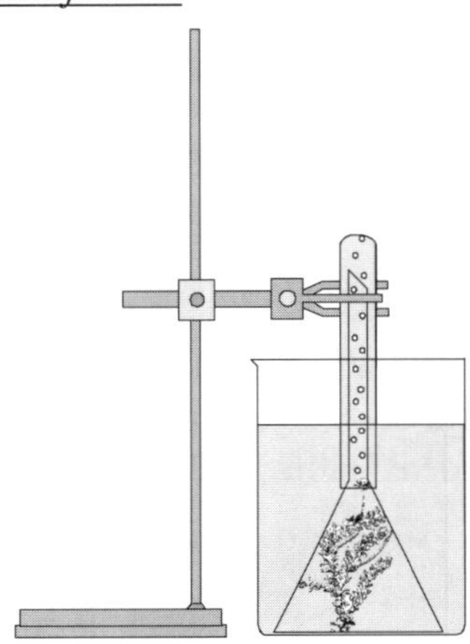

78 **Das Klassen-Sandwich**

geeignet für Klasse	Lehrer-/Schüler-Experiment (Gruppengröße)	Vorbereitungszeit	Dauer des Experiments	Schwierigkeitsgrad
3 / 4	**(6-8)**	**5 min**	**3 Std.**	☺☺☺

benötigtes Material:
verschiedene Zutaten zur Sandwich-Herstellung

Einbindung in den Unterricht:
Die Kinder erreichen im Laufe dieser Unterrichtsreihe Lernziele aus zwei verschiedenen Bereichen. Soziale Umgangsformen werden gefördert und der Umgang mit Lebensmitteln wird erlernt.
Das Erreichen der Lernziele ist eingebettet in ein für die Schüler sinnvolles Arbeiten, da sie ihr „Lieblings-Klassensandwich“ zum nächsten Schulausflug mitnehmen können.

Lernziele / didaktische Hinweise:
Die Schüler sollen lernen, ihre eigenen Wünsche und Abneigungen zu formulieren. Desweiteren sollen sie lernen, die Vorlieben und Abneigungen von anderen festzustellen und in ihre Handlungen miteinzubeziehen. Sie sollen zur Konsensfindung befähigt werden und alle damit zusammenhängenenden Fähigkeiten erlangen (argumentieren, aufeinander zugehen, organisieren...).
Die Schüler sollen weiterhin für den Umgang mit Lebensmitteln sensibilisiert werden und Fertigkeiten im Bereich der einfachen Nahrungsmittelzubereitung erlangen. Dazu gehören Beachtung der hygienischen Vorschriften, messen, mixen, schneiden, appetitlich zubereiten, rationell arbeiten... .Darüber hinaus sollen sie lernen, wie Lebensmittel aufbewahrt werden (Kühlung, Verackung...).
Die Unterrichtsreihe nimmt 3 bis 4 Schulstunden in Anspruch. Der erste Punkt der Unterrichtsreihe kann als Hausaufgabe gegeben werden.

besondere Hinweise:
Der Lehrer sollte sich vor der Durchführung dieses Unterrichtsprojektes bei den Eltern genau über mögliche Diätvorschriften der Schüler informieren und dies bei der Unterrichtsdurchführung berücksichtigen.

Beschreibung des Experiments:

1. Die Schüler gehen in einen Supermarkt und stellen Listen mit möglichen Sandwich-Zutaten auf. Je eine Schülergruppe (ca. 4 Personen) erstellt eine Liste der Brot-, Käse- und Wurstsorten...
2. Jeder Schüler beantwortet die folgenden Fragen:
   - Welches Brot magst Du am liebsten?
   - Welcher Brotbelag schmeckt Dir am besten?
   - Magst Du Butter oder Margarine oder einen fettarmen Brotaufstrich?
3. In Gruppenarbeit (nicht mehr als 6 Gruppen) überlegen sich die Schüler, wie ein gesundes (!) Sandwich aussehen könnte, das allen Schülern schmecken würde.
4. Jede Gruppe stellt nun genug „erfundene" Sandwiches her, so daß jeder Schüler davon ein kleines Stück probieren kann. Dabei werden die hygienischen Bedingungen beachtet und es wird darauf abgezielt, ein schön anzusehendes Sandwich herzustellen. Weiterhin können die Schüler ihre Sandwiches einen Namen geben.
5. Wenn alle Sandwiches fertig sind, werden sie in Stücke geschnitten und jeweils mit einem Symbol der verantwortlichen Schülergruppe gekennzeichnet.
6. Jeder Schüler probiert alle Sandwiches und bewertet ihren Geschmack. Die Wertung wird z.B. nach dem Schulnotenprinzip vorgenommen. Jeder Schüler erhält ein Arbeitsblatt mit einer Auflistung der Sandwichsorten auf dem er seine Wertung eintragen kann.
7. Die Ergebnisse werden nun ausgewertet, das „Klassen-Sandwich" wird auserkoren. Dabei müssen die Schüler beachten, ob Mitschüler eine bestimmte Diät einhalten müssen (Vegetarier, Allergiker, Diabetiker...); evtl. kann ein Ausnahme-Sandwich zubereiten werden.
8. Die Schüler berechnen, wieviel ein solches Sandwich kostet und entwickeln gegebenfalls ein preiswerteres Sandwich.
9. Bei der nächsten Gelegenheit (Schulausflug, ...) bereitet die Klasse für jeden Schüler ein Sandwich vor. Die Schüler überlegen sich, wie sie die Sandwiches verpacken und verstauen können, so daß sie einen Ausflug überstehen können und den hygienischen Vorschriften entsprechen.

79 *Die Luftballonrakete*

geeignet für Klasse	Lehrer-/Schüler-Experiment (Gruppengröße)	Vorbereitungszeit	Dauer des Experiments	Schwierigkeitsgrad
3 / 4	 **(2-3)**	**5 min**	**10 min**	☺☺

benötigtes Material:
1 Papprohr
1 länglichen Luftballon
1 Stück Schnur
doppelseitiges Klebeband

Einbindung in den Unterricht:
Der Versuch läßt sich bei der Behandlung des Themas „Energie" einsetzen sowie beim Thema „Luft". Alternative Formen der Energie sollten zuvor schon besprochen worden sein, da der Versuch eher den Übergang von einer Energieform in eine andere demonstriert. Im Anschluß an des Experiment können andere alltägliche Wege besprochen werden, wie Energie gespeichert werden kann. Zu nennen wären hier z.B. eine Talsperre bzw. generell Wasser hinter einem Damm, ein gespanntes Gummi, ein gehobenes Gewicht.

Lernziele / didaktische Hinweise:
Die Schüler sollen erkennen, daß der Ballon eine Art Energiespeicher darstellt, und daß die "Rakete" durch das Freiwerden dieser Energie in Form des Windstoßes angetrieben wird.
Die Schüler sollen lernen, daß Energie gespeichert werden kann.
Ebenso sollen sie begreifen, wie Lageenergie in Bewegungsenergie umgesetzt werden kann. Ansatzweise ist dies sicherlich auch in der Primarstufe möglich, da es durch dieses Experiment sehr anschaulich verdeutlicht wird.

Beschreibung des Experiments:

1. Zunächst befestigt Ihr die Schnur an einem Türgriff.
2. Nun zieht Ihr die Schnur durch das Papprohr.
3. An dem Papprohr befestigt Ihr zwei Stücke des doppelseitigen Klebebands.
4. Anschließend blast Ihr den Luftballon auf, haltet die Öffnung zu und klebt ihn an dem aufgeblasenen Ballon (nicht am Munstück !) an das Papprohr.
5. Haltet nun die Schnur gespannt und laßt den Luftballon los, so daß die Luft entweichen kann. Was könnt Ihr beobachten?

Skizze des Versuchsaufbaus:

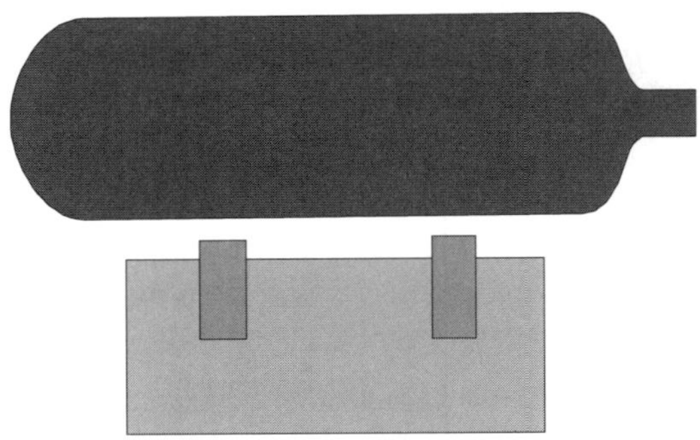

80 *Wir erzeugen Geräusche*

geeignet für Klasse	Lehrer-/Schüler-Experiment (Gruppengröße)	Vorbereitungszeit	Dauer des Experiments	Schwierigkeitsgrad
2 - 4	**(2-4)**	**5 min**	**40 min**	☺

benötigtes Material:

1 Lineal
1 Kamm
1 Luftballon
1 Marmeladenglas
2 Gummibänder
Seidenpapier
Reis

Einbindung in den Unterricht:

Die Versuche eignen sich, zu verdeutlichen, daß Schall durch Schwingungen entsteht. Wenn diese Schwingungen unsere Ohren erreichen, hören wir Geräusche. Man kann anhand des Experiments auch in die Funktionsweise von Musikinstrumenten einführen, da die Kinder selbst ein einfaches Musikinstrument bauen sollen. Insofern ist der Versuch fächerübergreifend, weil auch Inhalte aus dem Musikunterricht vermittelt werden können. Die Versuche könnten auch als Anregung für die Kinder dienen, mit weiteren Materialien selber andere Instrumente zu bauen.

Lernziele / didaktische Hinweise:

Die Schüler sollen lernen, was man unter Schwingungen versteht, und wie Geräusche entstehen. Sie sollen begreifen, daß durch unterschiedliche Schwingungen verschiedene Geräusche entstehen und den Zusammenhang zwischen Frequenz und Tonhöhe herstellen können.
Darüber hinaus sollen sie mit der Funktionsweise einfacher Musikinstrumente vertraut werden.

Beschreibung des Experiments:

1. Zuerst legt Ihr das Lineal auf die Tischkante, so daß es zum Teil übersteht. Mit der einen Hand drückt Ihr es auf dem Tisch fest und mit der anderen Hand schnippt Ihr das andere Ende an. Beobachtet, was passiert! Was verändert sich, wenn Ihr mal ein kürzeres und mal ein längeres Stück Lineal über die Tischkante hinausstehen laßt?
2. Nun spannt Ihr ein Gummiband zwischen zwei Fingern und zupft daran. Was könnt Ihr hören? Spannt das Gummiband noch straffer, wie verändert sich das Geräusch beim Zupfen?
3. Blast den Luftballon auf und haltet den Zipfel zwischen zwei Händen gespannt, so daß die Luft entweichen kann. Was geschieht?
4. Als nächstes nehmt Ihr den Kamm, faltet ein Stück Seidenpapier darüber und blast dagegen. Was könnt Ihr hören bzw. fühlt Ihr an den Lippen?
5. Was fühlt Ihr, wenn Ihr mit dem Finger Euren Hals berührt und dabei langsam 'ah' und 'oh' sagt?
6. Zum Schluß baut Ihr ein Musikinstrument, indem Ihr eine Hand voll Reiskörner in das Marmeladenglas gebt. Jetzt schneidet Ihr den Zipfel des Luftballons ab und zieht den restlichen Luftballon sehr straff über die Öffnung des Marmeladenglases. Befestigt dies mit dem Gummiband. Nun dreht Ihr das Glas um und zupft an dem Ballon. Was hört Ihr? Was passiert mit den Reiskörnern?
7. Ihr könnt Euer Musikinstrument noch weiterentwickeln, indem Ihr ein Gummiband längs über das Marmeladenglas zieht und nun an der Stelle, an der sich der Ballon befindet, daran zupft. Welche Geräusche könnt Ihr nun hören?
8. Welche Geräusche hört Ihr, wenn Ihr das Marmeladenglas langsam kreisförmig bewegt, so daß sich die Reiskörner auf dem Luftballon bewegen?
9. Versucht mit Eurem Musikinstrument möglichst viele verschiedene Geräusche zu erzeugen !

Skizze des Versuchsaufbaus:

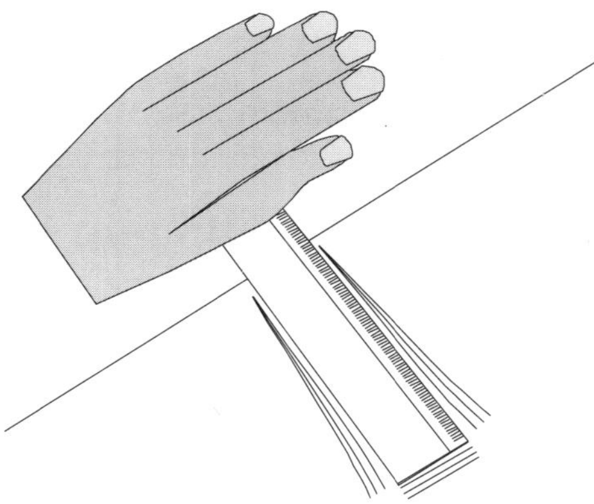

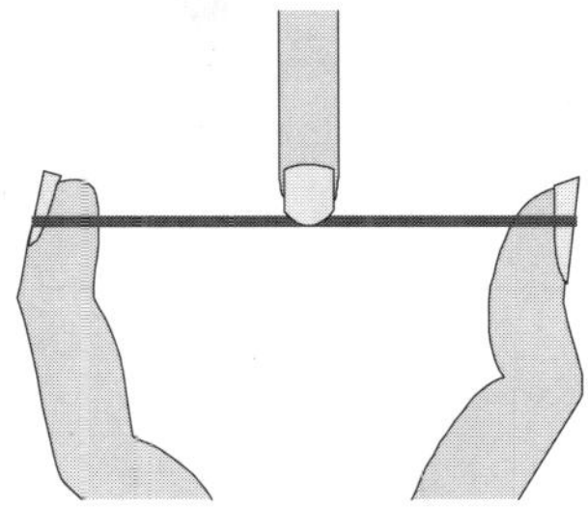

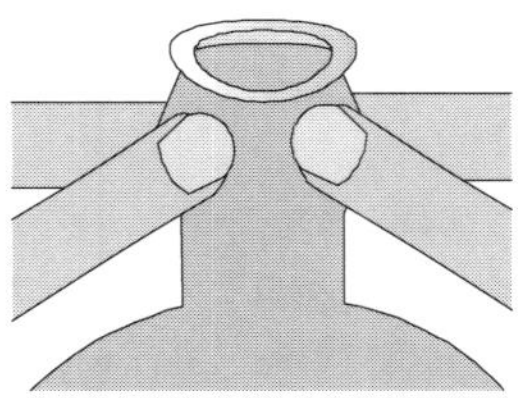

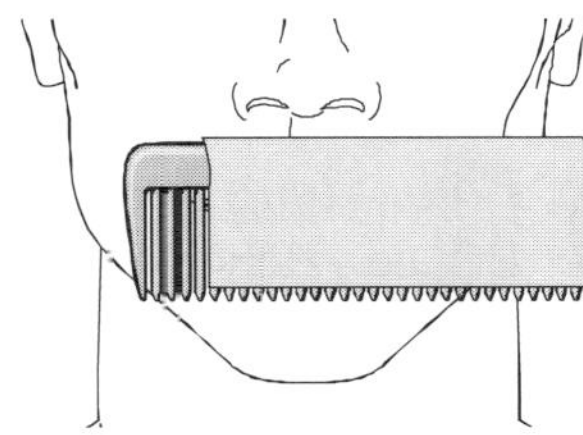

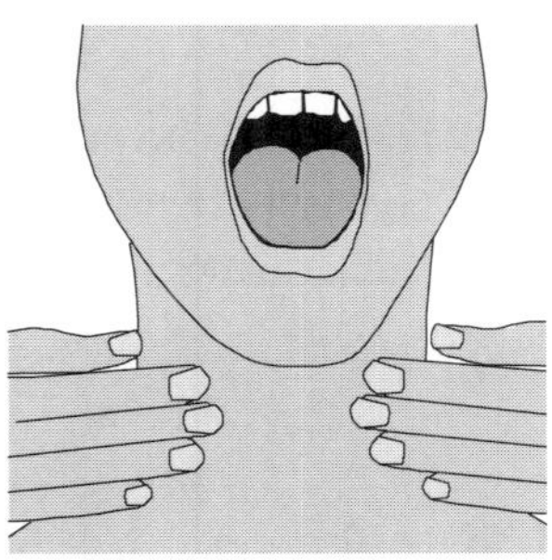

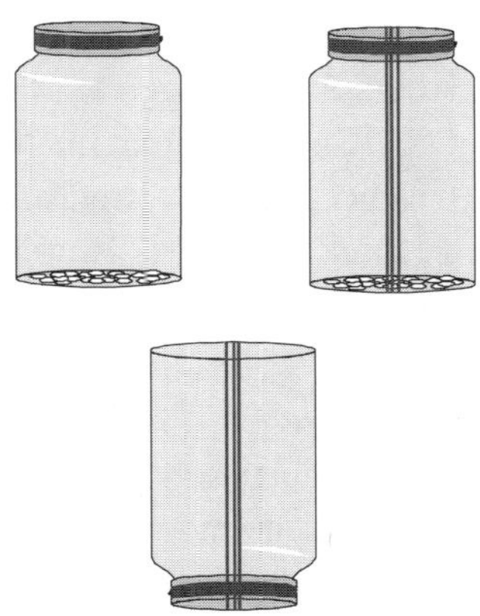

81 *Warme Klamotten*

geeignet für Klasse	Lehrer-/Schüler-Experiment (Gruppengröße)	Vorbereitungszeit	Dauer der Studie	Schwierigkeitsgrad
3 / 4	 **(6-8)**	**5 min**	**45 min**	☺☺

benötigtes Material:

Kleidungsstücke für den Winter
Kleidungsstücke für den Sommer
Kleidungsstücke für mittlere Temperaturen
Stoffstücke verschiedener Dicke, Weichheit, Web- bzw. Strickart...
Klassensatz Lupen
Arbeitsblatt (siehe Anhang)

Einbindung in den Unterricht:

Bei der Herstellung von Winterkleidung wird die Tatsache genutzt, daß eine Luftschicht wärmeisolierend wirkt, da durch sie der Austausch von Wärme verhindert wird. Dies ist Gegenstand dieser Studie, die im Themengebiet „Kleidung" Anwendung finden kann.
Anhand der Untersuchung verschiedener Materialien können im Unterricht Merkmale von Stoffen mit unterschiedlichem Isolationsvermögen erarbeitet werden.
Die Kinder sollten im weiteren Unterrichtsverlauf herausfinden, in welcher Weise wärmeisolierende Materialeigenschaften in Alltag und Technik genutzt werden (Beispiele: Eierwärmer, Topflappen, Isolierglas...).

Lernziele / didaktische Hinweise:

Die Schüler sollen lernen, daß Luft unter den oben beschriebenen Umständen wärmeisolierend wirkt. Dieses Wissen sollen sie übertragen können auf die Isolationsfähigkeit verschiedener Kleidungsstücke und Stoffproben.

Unterrichtsvorschläge:

1. Lassen Sie sich von den Schülern helfen, die Kleidung nach Kleidungsstücken für den Sommer bzw. den Winter zu sortieren.
2. Fragen Sie, nach welchen Kriterien die Kleidungsstücke den Jahreszeiten zugeordnet wurden.
3. Vorschläge können beispielsweise sein: Dicke, Weichheit, Farbe...
4. Jeder Schüler untersucht nun mit einer Lupe verschiedene Stoffstücke. Geben Sie jedem Kind jeweils zwei Stoffstücke die für Sommer- bzw. Winterkleidung gedacht sind.
5. Teilen Sie Fotokopien des Arbeitsblattes aus und lassen Sie jeden Schüler seine Stoffstücke beschreiben und genau abzeichnen.
6. Diskutieren Sie im Klassengespräch, welche Merkmale diejenigen Stoffe haben, die von den Schülern als warm eingestuft worden sind.
7. Führen Sie die Schüler dahin, herauszufinden, welche Rolle die zwischen den Fasern gefangene Luft bei der Wärmeisolation spielt.
8. Entwickeln Sie gemeinsam mit den Schülern einigeVersuche um herauszufinden:
   - welche Stoffart uns am wärmsten hält.
   - ob mehrere Lagen Stoff uns besser warmhalten können als eine dicke Lage.
9. Untersuchen Sie gemeinsam mit der Klasse die Kleidung, welche von Forschungsreisenden und Leuten, die in kalten Regionen leben, benutzt werden.
10. Sprechen Sie darüber, wie Tiere sich warmhalten. Lassen Sie die Schüler Federn und Felle untersuchen.
11. Lassen Sie die Kinder in der Pause an einem kalten Tag das Isolationsvermögen von jeweils zwei verschiedenen Handschuhen vergleichen.

Skizze des Versuchsaufbaus:

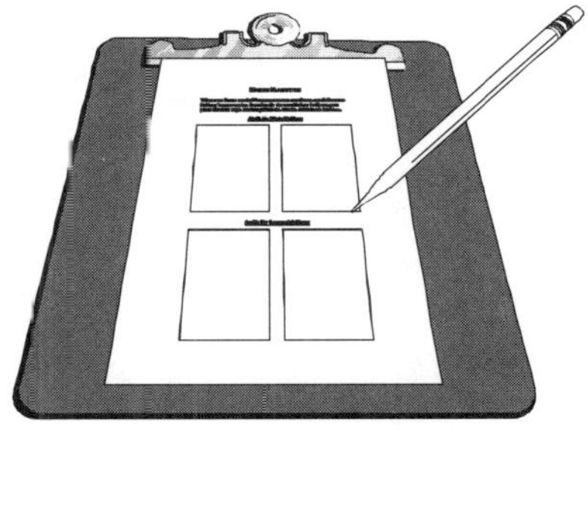

Warme Klamotten

Wähle zwei Stoffe, die für Winterkleidung und zwei Stoffe, die für Sommerkleidung benutzt werden. Betrachte die vier verschiedene Stoffarten ganz genau mit einer Lupe. Zeichne jeweils das, was Du siehst in ein Kästchen.

Stoffe für Winterkleidung

Stoffe für Sommerkleidung

82 *Woher kommen die Fruchtfliegen ?*

geeignet für Klasse	Lehrer-/Schüler-Experiment (Gruppengröße)	Vorbereitungszeit	Dauer des Experiments	Schwierigkeitsgrad
2 - 4	 **(6-8)**	**5 min**	**14 Tage**	☺

benötigtes Material:

Klebeband
1 Stift
4 Gläser à 1 Liter, davon 1 Glas mit Deckel
3 Bananen
1 kleines Baumwolltuch
1 Gummiband

Einbindung in den Unterricht:

Der Versuch kann bei der Behandlung des Themas „Ernährung“ durchgeführt werden. Hier geht es allerdings weniger um gesunde Ernährung, als mehr um das Verderben von Lebensmitteln, in diesem Fall von Obst.

Ebensogut kann das Experiment auch dem Thema „Tiere“ bzw. „Insekten“ zugeordnet werden, da es um die Entwicklung von Fruchtfliegen geht.

Lernziele / didaktische Hinweise:

Die Schüler sollen begreifen, daß die Fruchtfliegen nicht aus dem verfaulenden Obst entstehen, sondern daß sie lediglich davon angelockt werden. Die angelockten Fliegen legen dann Eier, aus denen kleine Maden werden. Nach einer Weile werden aus den Maden dann ebenfalls Fliegen.

Darüber hinaus sollen die Schüler durch das Experiment für den Umgang mit verderblichen Lebensmitteln sensibilisiert werden.

Das Experiment klappt am besten bei warmem Wetter.

Beschreibung des Experiments:

1. Befestigt zuerst auf allen Gläsern ein Stück Klebeband und beschriftet sie mit "Glas 1", "Glas 2" u.s.w.
2. Als nächstes schält Ihr die Bananen und gebt eine in das "Glas 1", die nächste in "Glas 2" und die letzte in "Glas 3". "Glas 4" bleibt leer.
3. "Glas 1" verschließt Ihr fest mit dem Deckel, über "Glas 2" legt Ihr das Baumwolltuch und befestigt es mit dem Gummiband, und "Glas 3" und "Glas 4" laßt Ihr offen stehen.
4. Nun beobachtet Ihr zwei Wochen lang, was passiert und schreibt Eure Beobachtungen genau auf.

Skizze des Versuchsaufbaus:

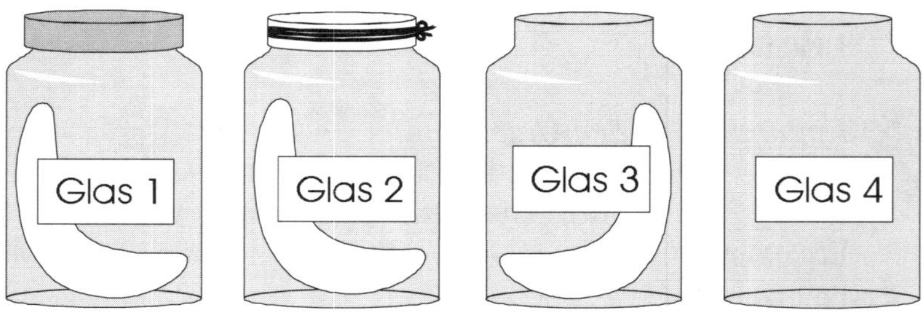

83 *Obstsalat*

geeignet für Klasse	Lehrer-/Schüler-Experiment (Gruppengröße)	Vorbereitungszeit	Dauer des Projekts	Schwierigkeitsgrad
2 / 3	 **(6-8)**	**45 min**	**45 min**	☺☺☺

benötigtes Material:

fünf verschiedene Obstsorten und evtl. andere Obstsalatzutaten
Küchenmesser
Schneidebrettchen
Dessertschälchen
Teelöffel

Einbindung in den Unterricht:

Vor der Unterrichtsstunde, in der die Schüler den Obstsalat herstellen, entscheiden die Schüler gemeinsam, welche Obstsorten dafür verwendet werden sollen. Am besten bringt der Lehrer eine große Auswahl an Obst mit in die Schule oder jeder Schüler bringt eine Obstsorte mit, wobei darauf zu achten ist, daß keine Obstsorte mehrfach vorhanden ist. Die Schüler stellen kleine Kostproben her. Jeder Schüler probiert jede Obstsorte und stellt eine Rangliste der fünf besten Früchte auf.

Lernziele / didaktische Hinweise:

Die Schüler sollen sich über verschiedene Früchte aus aller Welt informieren.
Sie sollen lernen, wie Früchte hygienisch zubereitet werden, wie man sie schält, schneidet, abmißt und in gleich große Portionen aufteilt.

besondere Hinweise:

Der Lehrer sollte sich vor der Durchführung dieses Unterrichtsprojektes bei den Eltern genau über mögliche Diätvorschriften der Schüler informieren und dies bei der Unterrichtsdurchführung berücksichtigen.

Beschreibung des Projekts:

1. Diskutiert vor der Zubereitung des Obstsalates die folgenden Fragen:
   - Wie müssen die Früchte für den Obstsalat vorbereitet werden?
   - Wie kann man das Obst waschen?
   - Wie klein würdet Ihr die Früchte schneiden?
   - Welche Küchengeräte werden für die Zubereitung gebraucht?
   - Meint Ihr, daß man außer den Früchten noch andere Zutaten hinzugeben muß, um zum Beispiel den Geschmack zu verbessern oder ihn haltabrer zu machen?
2. Erfindet nun „Euren“ Obstsalat! Schreibt jeweils genau auf, welche Menge von welcher Obstsorte zu Eurem Salat gehören soll und welche anderen Zutaten Ihr hinzugeben wollt. Überlegt Euch auch, wie der Obstsalat aussehen wird. Ihr könnt auch einen Obstsalat zu einem bestimmtem Thema machen. Beispiele: „Der gelbe Obstsalat“, „Obstsalat mit Früchten aus Nordamerika“....
3. Gebt Eurem Obstsalat einen Namen.
4. Bereitet den Obstsalat zu und achtet dabei auf Hygiene.
5. Wenn der Obstsalat fertig ist, laßt Eure Mitschüler probieren. Achtet dabei auf Hygiene. Jeder Schüler bekommt einen eigenen Löffel und ein eigenes Probierschüsselchen.
6. Fragt die Schüler nach Verbesserungsvorschlägen Eures Obstsalates. Wenn Ihr Euch dafür entscheidet einen Verbesserungsvorschlag anzunehmen, notiert genau die Änderung des Rezeptes.
7. Findet heraus, wieviel er kostet.
8. Überlegt Euch, wie der Obstsalat aufbewahrt werden muß, wenn er nicht sofort gegessen wird.
9. Informiert Euch über die Früchte, die Ihr für den Obstsalat benutzt habt.
   - Aus welchen Ländern kommen die Früchte?
   - Was kosten die Früchte?
   - Wie waren die Früchte verpackt, als im Supermarkt ankamen?
   - Für was wurde die Verpackung gebraucht?

84 *Was schwimmt, was sinkt ?*

geeignet für Klasse	Lehrer-/Schüler-Experiment (Gruppengröße)	Vorberei-tungszeit	Dauer des Experiments	Schwierig-keitsgrad
2 - 4	**(4-6)**	**5 min**	**15 min**	☺

benötigtes Material:
1 große Wanne
Leitungswasser
verschiedene Materialien (z.B. Styropor, Kork, Holz, Wachs, Eis, Stein, Stahl, Blei, etc.)

Einbindung in den Unterricht:
Das Experiment ist geeignet für die Erarbeitung des Themas "Wasser". Verdeutlicht wird hier der 'Auftrieb' des Wassers. Im Anschluß an das Experiment kann erarbeitet werden, wieso schwere Stahlschiffe schwimmen können.

Lernziele / didaktische Hinweise:
Die Kinder sollen zu der Erkenntnis gelangen, daß einige Materialien schwimmen und andere nicht. Sie sollen dabei auch unterscheiden, daß manche Materialien richtig schwimmen, während andere tiefer im Wasser liegen, also nur treiben. Es soll deutlich gemacht werden, daß dabei das Gewicht des Materials und die Auftriebskraft des Wassers eine Rolle spielen.
Der Begriff 'Auftrieb' soll eingeführt werden.

Beschreibung des Experiments:

1. Als erstes füllt Ihr die Wanne halbvoll mit Wasser.
2. Nun nehmt Ihr die verschiedenen Materialien und legt sie in das Wasser. Welche Beobachtung könnt Ihr machen ?
3. Schreibt auf, welche Gegenstände untergehen und welche schwimmen. Notiert auch, welche am besten schwimmen.

Skizze des Versuchsaufbaus:

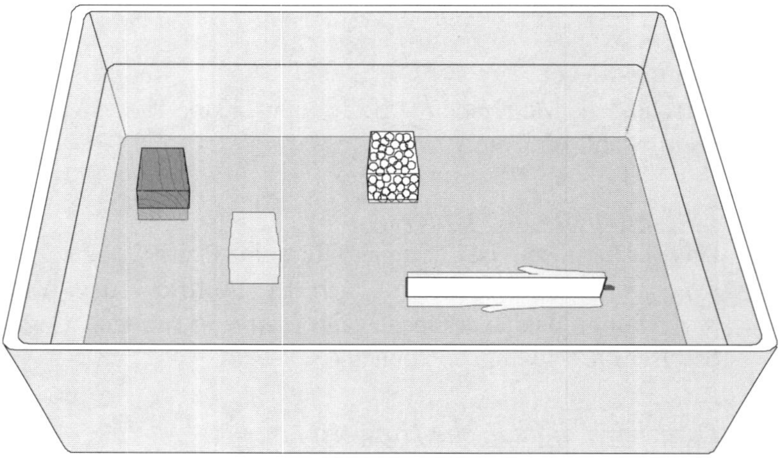

85 *Schallwellen bewegen die Luft*

geeignet für Klasse	Lehrer-/Schüler-Experiment (Gruppengröße)	Vorberei-tungszeit	Dauer des Experiments	Schwierig-keitsgrad
3 - 4	/ **(6-8)**	**20 min**	**10 min**	☺☺

benötigtes Material:

2 Luftballons
1 längeres Holzstück
1 Hammer
3 Kerzen
1 Papprohr
lange Nägel
Gummibänder
Streichhölzer oder ein Feuerzeug

Einbindung in den Unterricht:

Innerhalb des Themas „Schall“ können die Schallwellen mit diesem Experiment verdeutlicht werden. Durch das Klopfen entstehen Schallwellen, die Geräusche erzeugen. Gleichzeitig wird auch die Luft im Rohr bewegt. So wird die Verbreitung der Schallwellen in der Luft deutlich sichtbar.
Das Experiment kann mit anderen Versuchen zum Thema „Schall“ verbunden werden.

Lernziele / didaktische Hinweise:

Die Schüler anhand des Versuchs erkennen, daß Schallwellen Schwingungen der Luft auslösen. Die am einen Ende des Rohrs erzeugten Schallwellen bewegen die Luft auch am anderen Ende des Rohrs, Schallwellen breiten sich also in alle Richtungen aus.

besondere Hinweise:

Mit den Streichhölzern oder dem Feuerzeug sollte vorsichtig umgegangen werden.
Beim Einschlagen der Nägel sollte die Lehrerin oder der Lehrer behilflich sein.

Beschreibung des Experiments:

1. Schlagt zuerst mit dem Hammer drei Nägel im Abstand von ca. 10 cm durch ein Stück Holz. Hierbei sollte ein Nagel relativ dicht am Ende der Latte sein.
2. Dreht das Stück Holz nun um und steckt auf jede Nagelspitze eine Kerze.
3. Als nächstes schneidet Ihr zwei große, runde Stücke aus dem Luftballon aus.
4. Befestigt diese jetzt an den beiden Enden des Papprohres. Dazu zieht Ihr das Stück Ballon über das Ende des Rohrs und befestigt es mit den Gummibändern.
5. In eines der beiden Luftballonstücke stecht Ihr ein kleines Loch.
6. Anschließend zündet Ihr die Kerzen an.
7. Nun richtet Ihr das Rohr mit dem Ende, in dem das Loch ist, auf die Kerzen und schlagt mit der Hand vorsichtig auf das andere Ende, wie auf eine Trommel
8. Beobachtet, was mit den Flammen passiert.

Skizze des Versuchsaufbaus:

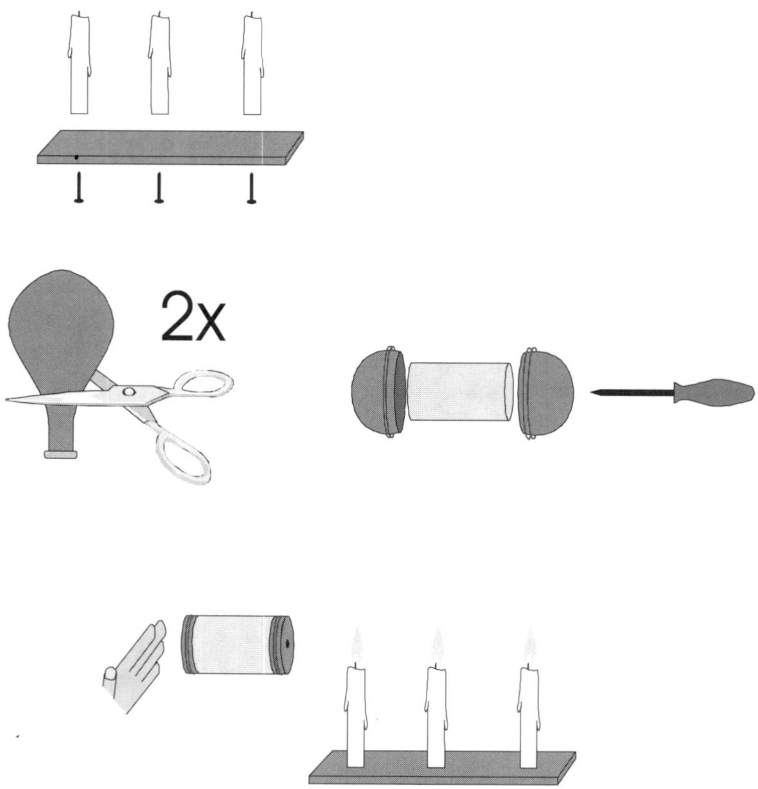

86 *Bestimmung der Gewässergüte*

geeignet für Klasse	Lehrer-/Schüler-Experiment (Gruppengröße)	Vorbereitungszeit	Dauer des Experiments	Schwierigkeitsgrad
4	**(2-4)**	**10 min**	**45 min**	☺☺☺

benötigtes Material:

1 Marmeladengläser mit Schraubdeckel
1 Blumensprüher
1 kleiner Kescher oder Teesieb
1 Lupe
1 Eimer
1 Schreibunterlage, Schreibzeug
1 Pipette

Einbindung in den Unterricht:

Das Experiment kann im Themenbereich "Wasser" oder "Natürliche und gestaltete Umwelt" verwendet werden. Die Abhängigkeit der Tiere vom Menschen wird deutlich, da durch Verschmutzung von Fließgewässern vielen Kleintieren ihr Lebensraum genommen wird.
Um diesen Versuch durchführen zu können, muß eine Exkusion an ein Fließgewässer, möglichst an einen kleinen Bach gemacht werden.
Es könnte eine vorbereitende Stunde zum Thema "Verhalten am Wasser", "Richtiges Experimentieren" oder "Über den Umgang mit Tieren" vorausgehen.
Anschließend kann eine weitere Stunde durchgeführt werden, bei der eventuell alte Dosen, Plastiktüten und andere Verschmutzungen beseitigt werden.

Lernziele / didaktische Hinweise:

Die Schüler sollen lernen, daß man den Grad einer Gewässerverschmutzung bestimmen kann, indem man die Tiere bestimmt und zählt. Sie sollten erfahren, daß außer Fischen noch mehr Tiere in Gewässern leben, als auf den ersten Blick erkennbar ist.
Ihr Lebensraum soll erforscht werden und die Einflüsse des Menschen auf den Lebensraum dieser Kleintiere soll erkannt werden.

besondere Hinweise:

Es ist nach der jeweiligen Klasse zu unterscheiden, ob eine weitere Aufsichtsperson mit auf die Exkursion zu nehmen ist.

Beschreibung des Experiments:

1. Sucht Euch eine gut zugängliche Stelle am Wasser, die möglichst flach ist.
2. Füllt die Marmeladengläser und den Eimer mit Wasser.
3. Nun hebt Ihr vorsichtig Steine aus dem Gewässer auf, am besten solche, die mit Algen bewachsen sind.
4. Haltet den Stein so, daß Tiere, die sich auf dem Stein befinden, in das Marmeladenglas fallen, wenn sie mit dem Blumensprüher abgespritzt werden.
5. Fallen sie nicht vom Stein ab, wenn Ihr sie vorsichtig mit dem Blumensprüher abgespritzt habt, dann versucht sie vorsichtig abzulösen.
6. Betrachtet die Tiere im Marmeladenglas (eventuell mit der Lupe) und bestimmt sie.
7. Tragt dann jedes einzelne Tier in die Zählliste ein.
8. Jedes bestimmte und eingetragene Tier könnt Ihr dann mit Hilfe einer Pipette in den Eimer geben, damit Ihr es nicht nochmal zählt.
9. Wenn Ihr mit dem Zählen fertig seit, müßt Ihr natürlich alle Tiere wieder vorsichtig in das Gewässer schütten.
10. Zum Schluß tragt Ihr die Anzahl der Tiere in die Tabelle der Wassergütebestimmung ein und rechnet so die Verschmutzung des Gewässers aus.

Skizze des Versuchsaufbaus:

Bestimmungsbögen

Wenn Ihr ein Tier gefunden habt, dann macht einfach einen Strich in die rechte Spalte.

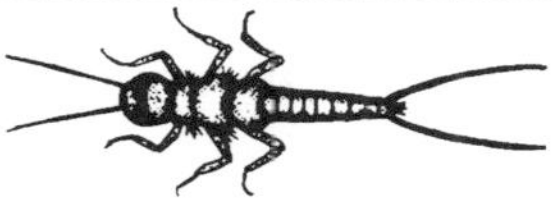	Steinfliegenlarve	
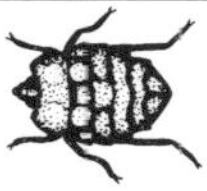	Grundwanzen	
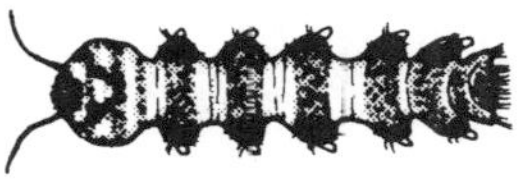	Lidmückenlarven	
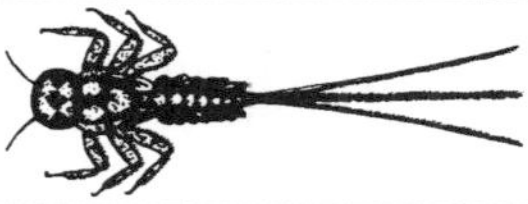	Flache Eintagsliegenlarve	
	Grauer Strudelwurm	
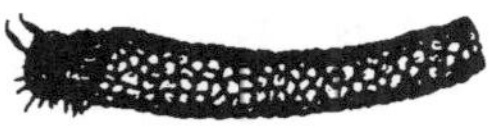	Köcherfliegenlarve mit Köcher	
	Tellerschnecken	
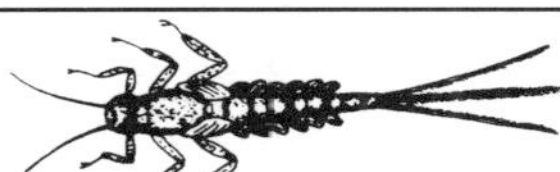	Runde Eintagsfliegenlarve	
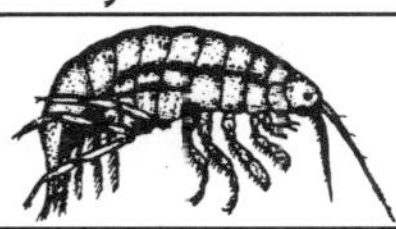	Bachflohkrebs (ohne Rückendorn)	
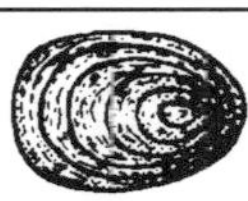	Napfschnecke	
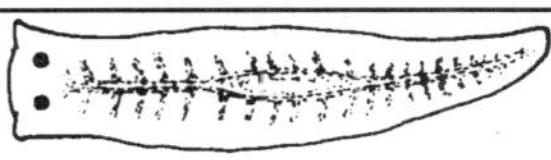	Weißer Strudelwurm	
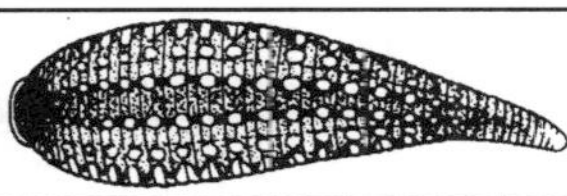	Großer Schneckenegel	

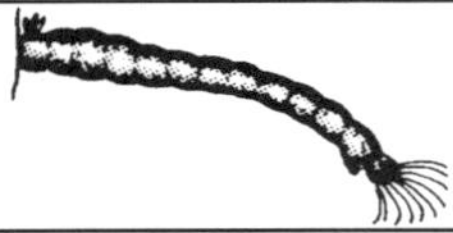	Kriebelmückenlarve	
	Köcherfliegenlarve ohne Köcher	
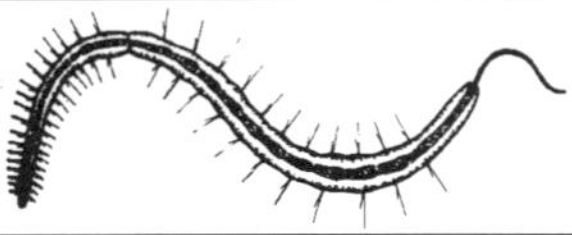	Teichschlangen	
	Erbsenmuschel	
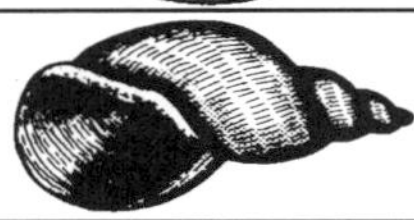	Spitzschlammschnecken	
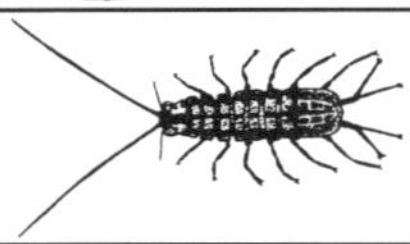	Wasserasseln	
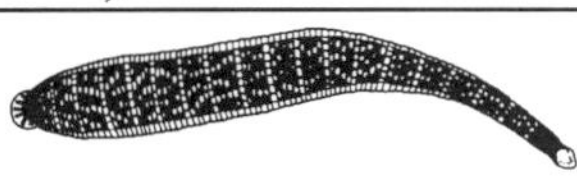	Rollegel	
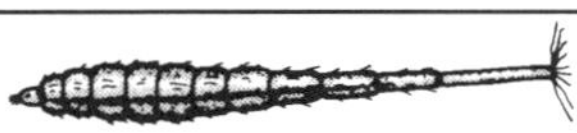	Waffenfliegenlarven	
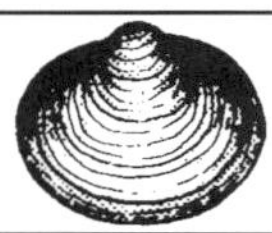	Kugelmuschel	
	Abwasserpilz	
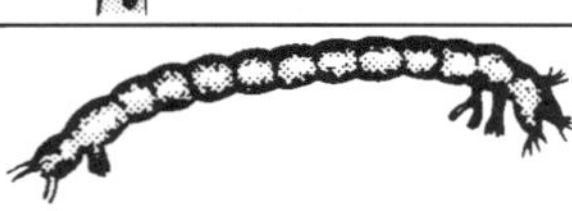	Rote Zuckmückenlarven	
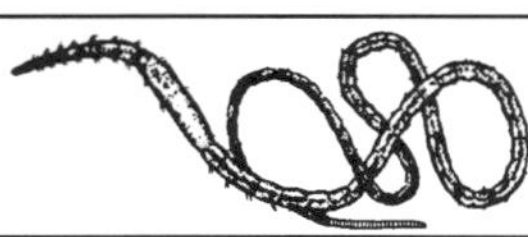	Schlammröhrenwürmer	
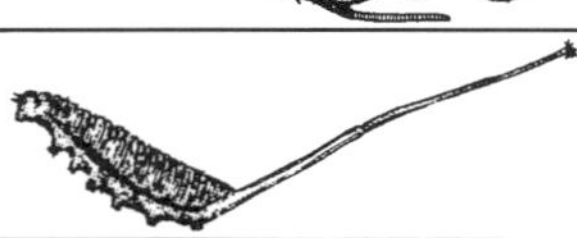	Rattenschwanzlarven	

Wassergütebestimmung

In diese Tabelle müßt ihr die jeweilige Anzahl der gefundenen Tiere eintragen und sie dann mit der Zahl die dahinter steht multiplizieren.

Bio - Indikatoren	Anzahl	Indikationswert	Produkt
Steinfliegenlarven		1	
Grundwanzen		1	
Lidmückenlarven		1	
Flache Eintagsfliegenlarven		1	
Graue Strudelwürmer		1.5	
Köcherfliegenlarve mit Köcher		1.5	
Tellerschnecken		2	
Runde Eintagsfliegenlarven		2	
Bachflohkrebse		2	
Flußnapfschnecken		2	
Weiße Strudelwürmer		2	
Große Schneckenege		2	
Kriebelmückenlarven		2	
Köcherfliegenlarven ohne Köcher		2	
Teichschlangen		2	
Erbsenmuscheln		2	
Wasserasseln		3	
Rollegel		3	
Waffenfliegenlarven		3	
Kugelmuscheln		3	
Abwasserpilze		3.5	
Rote Zuckmückenlaven		3.5	
Schlammröhrenwürmer		4	
Rattenschwanzlarven		4	

Summe : ☐ ☐

Berechnung:

Produkt	:	**Anzahl**	=	**Ergebnis**	**Endwert nach Korrektur**
☐		☐		☐	☐

Korrekturfaktoren zur Bestimmung der Gewässergüteklasse

Anzahl der gefundenen Tierarten	Korrekturfaktor
1 - 2	+ 0.5 Punkte
3 - 4	+ 0.2 Punkte
5 - 10	± 0 Punkte
11 - 13	- 0.2 Punkte
14 und mehr	- 0.5 Punkte

Zählt die verschiedenen Tierarten, die Ihr gefunden habt. Dann schaut in der obigen Liste nach wie Ihr Euer Ergebnis von Tabelle 1 noch ändern müßt.
Bei z.B. 4 verschiedenen, gefundenen Tierarten zählt Ihr zu Eurem Ergebnis einfach noch 0.2 Punkte hinzu.
Das Ergebnis vergleicht Ihr nun noch mit den Zahlen in der unteren Liste und dann wißt Ihr, wie gut das Wasser Eures Bachs oder Flusses ist.
Ist Euer Endergebnis beispielsweise 2.6, heißt daß, daß Ihr Wasser der Güteklasse 2 - 3 habt.

Bestimmung der Gewässergüte

Güteklasse 1	= kaum verunreinigtes Wasser
Güteklasse 2	= mäßig verunreinigtes Wasser
Güteklasse 3	= stark verunreinigtes Wasser
Güteklasse 4	= sehr stark verunreinigtes Wasser

87 *Wasserrad*

geeignet für Klasse	Lehrer-/Schüler-Experiment (Gruppengröße)	Vorbereitungszeit	Dauer des Experiments	Schwierigkeitsgrad
4	/ **(6-8)**	**45 min**	**30 min**	☺☺☺

<u>*benötigtes Werkzeug:*</u>

1 Säge
1 Stift
1 Lineal
1 Dosenöffner
2 Schraubzwingen
1 Bohrwinde oder Bohrer
1 Schlitz-Schraubendreher
25 mm Einsatz für den Bohrer

<u>*benötigtes Material:*</u>

Sperrholz (70 cm x 70 cm x 6mm)
30 cm Rundholz (∅ 2,5 cm)
Sperrholz (25 cm x 15 cm x 3 mm)
Bauholz (25 cm x 5 cm x 10 cm)
1 große, gesäuberte Konservendose ohne Deckel und Boden

<u>*Einbindung in den Unterricht:*</u>

Das Wasserradmodell zeigt, wie die Strömungskraft des Wassers in nutzbare Kraft umgewandelt werden kann.
Der Bau des Wasserrades kann Teil einer Projektwoche zum Thema „Energie" sein, oder zum Thema „Wasser" durchgeführt werden.

<u>*Lernziele / didaktische Hinweise:*</u>

Durch den Bau eines Wasserrades wird der Umgang mit Werkzeugen und verschiedenen Materialien erlernt.
Die Schüler sollen bei der Anwendung des Wasserrades lernen, daß Wasserkraft genutzt werden kann (z. B. zum Antrieb einer Mühle).
Da die Herstellung eines Wasserrades viel Geschick erfordert, kann der Lehrer je nach Einschätzung des Könnens seiner Schüler einige Bauteile des Wasserrades vorfertigen oder bis zu einem gewissen Grad vorbereiten (z. B. auf das Holz Sägelinien aufzeichnen).
Bevor die Schüler mit dem Bauen beginnen, ist es notwendig, die Bauanleitung im Klassengespräch durchzuarbeiten, fremde Wörter und Schwierigkeiten zu klären.

Beschreibung des Experiments:

Herstellung des Wasserrads

1. Säge zwei Stücke aus einer 3 mm dicken Sperrholzplatte aus. Länge: 25 cm; Breite: 8 cm.
2. Markiere an beiden Stücken die Mitte mit einer Linie. Säge die Holzstücke bis zur Mitte entlang der Linie ein. (vgl. Abb. a)
3. Setzte die beiden Stücke zu einem X zusammen. Vergrößere die Lücken, wenn die Einschnitte noch zu eng sind, um die Stücke ineinander zu setzen. Achte darauf, daß sie nicht zu breit werden (vgl. Abb. b).
4. Spanne mit der Schraubzwinge das Rundholz an Deinem Arbeitstisch fest ein. Lasse 5 cm über die Tischkante überstehen. Mache zwei 2,5 cm tiefe Einschnitte am überstehenden Ende, die im rechten Winkel zueinander stehen (vgl. Abb. c).
5. Stecke die gekreuzten Radschaufeln in das eingeschnittene Kreuz am Ende des Rundholzes. Wenn nötig, vergrößere die Einschnitte des Rundholzes (vgl. Abb. d).
6. Stelle das Schaufelrad so auf den Tisch, daß das Rundholz nach oben zeigt.
7. Lege die Konservendose auf das Schaufelrad, so daß sich das Rundholz in der Mitte der Dose befindet. Markiere die Radschaufeln an den Stellen, an denen sie sich mit der Dose berühren (vgl. Abb. e).
8. Nimm das Schaufelrad wieder auseinander und säge jedes Schaufelrad entlang der Markierungen (vgl. Abb. f).
9. Baue die Radschaufeln wieder zusammen. Setze das Rad wieder auf das Rundholz. Nun stecke die Konservendose in die neuen Einschnitte (vgl. Abb. g). Das Rad ist nun stabil sein.

Herstellung des Rahmens

1. Schneide die folgenden Stücke aus Bauholz zu:
   - 2 Stücke mit den Maßen: 5 cm x 10 cm x 12,5cm
   - 1 Stück mit den Maßen: 2,5 cm x 10 cm x 22 cm
2. Bohre mit dem 25 mm-Bohrer je ein Loch in die kleineren Holzstücke und schraube die drei Teile des Rahmens zusammen (vgl. Abb. h).
3. Probiere das Wasserrad an einem Bach aus.

Skizze des Versuchsaufbaus:

Abb. a

Abb. c

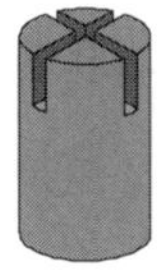

Abb. b

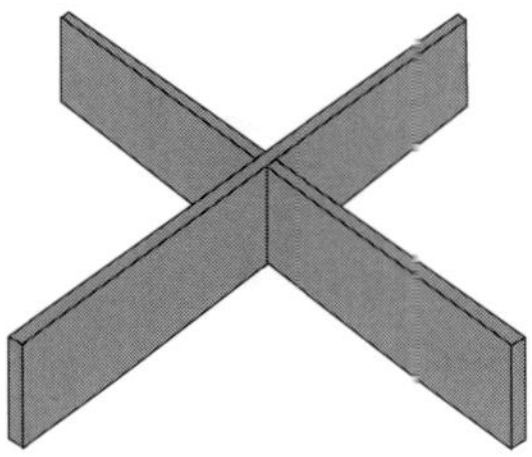

Abb. d

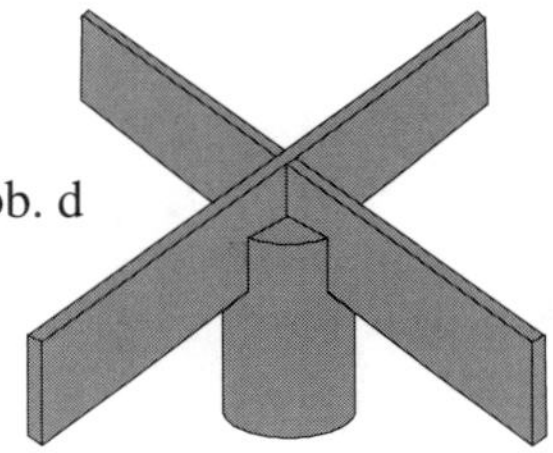

Abb. e

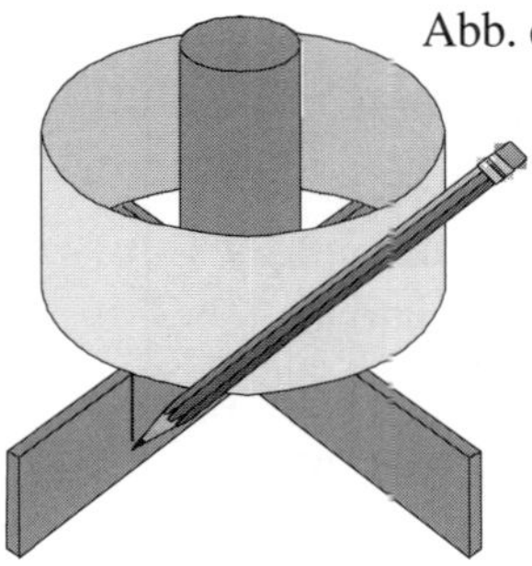

Abb. f

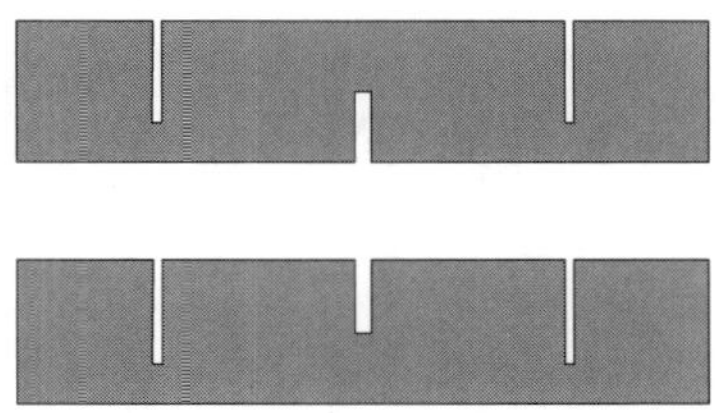

Abb. g

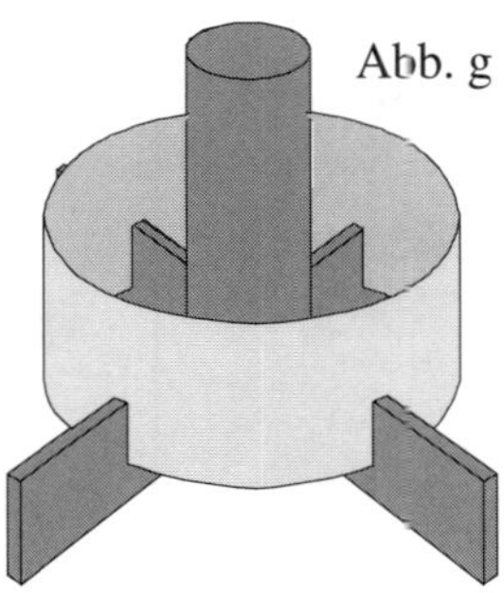

Abb. h

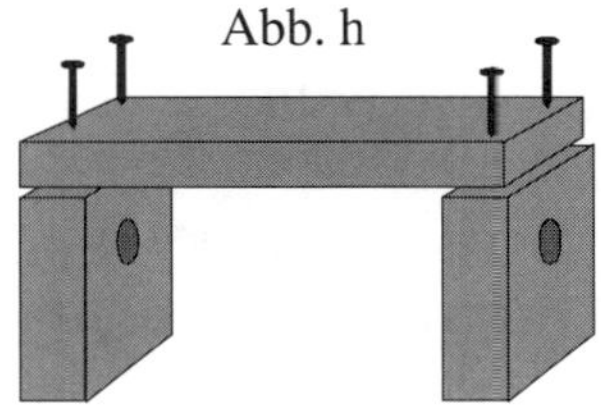

Literatur- und Quellenverzeichnis

Baer, Heinz-Werner: Biologische Schulexperimente
Volk und Wissen; Volkseigener Verlag, 1986[8]

Baker, Wendy; Haslam, Andrew: Make it work! Sound
Two-Can Publishing Ltd.: Great Britain, 1992

Bartl, Almut; Schwandt, Susanne: Tolle Tips für Experimente mit Pfiff
Benzinger Edition im Arena Verlag: Würzburg, 1994

Clemson, Wendy and David: Science Key Stage 2
Teacher`s Resource Book
Stanley Thornes (Publishers) Ltd.: Cheltenham, 1992

Diehn, Gwen; Krautwurst, Terry: Science Crafts for Kids - 50 fantastic things to invent & create
Sterling Publishing Co., Inc.: New York, 1994

Fielden, Sally; Wellington, Jerry: Forces and Energy 1
Simon & Schuster Education: Hemel Hempstead, 1993

Herbert, Don: Mr. Wizard`s Supermarket Science
Random House: New York, 1980

Hixson, B. K.: Bernoulli`s Book
The Wild Goose Company: Salt Lake City, 1991

Hixson, B. K.; Kralik, M. S.: Jr. Boom Academy
The Wild Goose Company: Salt Lake City, 1992

Hixson, B. K.: Science Puzzles
The Wild Goose Company: Salt Lake City

Hixson, B. K.: Science Without Answers
The Wild Goose Company: Salt Lake City, 1989

Hughes, Colin; Wade, W.: Inspirations for Investigations in Science
Scholastic Ltd., 1996

Kenda, Margaret; Williams, Phyllis S.: Science Wizardry for Kids
Barron`s Educational Series, Inc.: New York, 1992

Kirk, Suzanne: Materials and their Properties
Scholastic Ltd.: Warwickshire, 1995

Kneip, Winfried: Licht & Energie,
aus der Reihe: Versuchen und Verstehen
Verlag an der Ruhr: Mülheim an der Ruhr, 1992
übersetzt aus:
Jennings, Terry: Light & Energy
Scholastic Publications, 1990

Lange, Prof. Dr. Friedrich; Strauß, Prof. Dr. Erich; Dobers, Joachim:
Biologie 5. / 6. Schuljahr
Schroedel Verlag: Hannover, 1975

Lorbeer, George C.; Nelson, Leslie W.: Science Activities for Children
Volume One
Brown & Benchmark Publishers, 1996[10]

Mackay, Frances: Physical Processes
Scholastic Ltd.: Warwickshire, 1995

Mayer, Werner G. (Hg.): Schlag nach im Sachunterricht - Arbeitsblatt
Bayerischer Schulbuch-Verlag: München 1994[4]

Ridgwell, Jenny: Working with Food in Primary Schools
Ridgwell Press: London, 1997[2]

VanCleave: 200 Gooey, Slippery, Slimy, Weird & Fun Experiments
John Wiley & Sons, Inc., 1993

VanCleave: 201 Awesome, Magical, Bizarre & Incredible Experiments
John Wiley & Sons, Inc., 1994

VanCleave, Janice: Biology for Every Kid
John Wiley & Sons, Inc., 1990

VanCleave, Janice: Chemistry for Every Kid
John Wiley & Sons, Inc., 1989

VanCleave, Janice: Guide to the Best Science Fair Projects
John Wiley & Sons, Inc., 1997

Walpole, Brenda: 175 Science Experiments to Amuse and Amaze your Friends. Experiments! Tricks! Things to Make!
Random House: New York, 1988

Internetseiten:
http://www.lme.mankato.msus.edu/ci/June/Activities.html

http://www.lme.mankato.msus.edu/ci/feb97/Animal.html

http://www.lme.mankato.msus.edu/ci/Oct/Activities.html

http://yn.la.ca.us/cec/cecsci/cecsci.49.txt

http://youth.net/cec./cecsci/cecsci.68.txt

http://youth.net/cec/cecsci/cecsci.97.txt

http://youth.net/cec/cecsci/cecsci.133.txt

http://yn.la.ca.us/cec/cecsci/cecsci.153.txt

http://youth.net/cec/cecsci/cecsci.164.txt

http://youth.net/cec/cecsci/cecsci.190.txt

http://www.bybyte.de/nabu/aktiv/bildung/kids/kid_was.html

http://nyelabs.kcts.org/nyev